UN RURAL

A LA RECHERCHE DU MEILLEUR

GOUVERNEMENT

UN RURAL

A LA RECHERCHE DU MEILLEUR

GOUVERNEMENT :

DEUX LIARDS DE BON SENS,

OU

LA MANIÈRE DE RAISONNER

DU BONHOMME JACQUES.

PARIS
CHEZ VICTOR PALMÉ
RUE
DE GRENELLE-S.-GERMAIN, 25

AU MANS
CHEZ
LEGUICHEUX-GALLIENNE
RUE MARCHANDE, 15.

1871

UN RURAL

A LA RECHERCHE DU MEILLEUR

GOUVERNEMENT

A MES CONCITOYENS

de la Charrue, du Comptoir et de l'Atelier.

Je m'adresse à vous, bonnes gens, mes camarades et mes compères, parce que j'en eus grande envie voilà six mois passés, et surtout parce qu'on m'y engage à présent, moi qui sais petitement les choses de la politique et de l'histoire. On m'y pousse en me disant qu'on écrira sous ma dictée, que j'aurai bonnement à parler selon mon cœur, sans prendre autre souci. Et puis, écoutez l'affaire : il paraîtrait que ce que je vais ressasser avec vous pourrait nous éclairer tous, et cela tente le bonhomme Jacques. Dame ! il fait nuit noire à droite et à gauche, et ceux qui s'estiment capables de débrouiller les cartes de cette pauvre France doivent avoir de fameuses lunettes à cheval sur leur nez. Ce n'est pas tout-à-fait ce que j'espère, chétif et point savant; je m'avise tant seulement de communiquer à des amis, à des travailleurs oomme moi, les réflexions et combinaisons auxquelles je rêve tout au long de la besogne, en suivant ma charrue, aussi en battant mon grain, fauchant mon pré.

Je me suis dit comme ça : — Parbleu, ces gens des villes entendent-ils nous river à leur écrou? ne pourrons-nous penser que par eux? devrons-nous recevoir d'eux seuls toutes les visées sur ce qui nous chatouille de si près, et cette tutelle va-t-elle durer jusqu'à la fin des temps? Au fait, ce sont nos enfants qui vont là-bas : il est assez drôle qu'ils entreprennent l'éducation de leurs parents, et que, par reconnaissance de nos soins, ils nous renvoient des billevesées, avec accompagnement de fanfaron mépris ! Cela ne peut aller de la sorte, et nous parlerons un brin à notre tour, pour voir si on nous acceptera, d'aventure. Mais comment faire? Nous ne savons guère composer des livres, pauvres gens; et, si nous les composions, qui est-ce qui voudrait les imprimer, qui est-ce qui les voudrait lire? — Sur cette belle observation finale, le bonhomme Jacques se décourageait.

Il faut vous dire que je ne suis point de première jeunesse, ni même de seconde : mon extrait de naissance indique sans vergogne l'an 1784, ce qui me porte à quelque chose comme quatre-vingt-sept hivers, ou quatre-vingt-sept printemps, à votre aise. Ah ! que j'ai vu de choses, mes compères, pendant cette longue traversée ! Pourtant, grâces au Ciel, je ne suis ni manchot ni sourd ; j'ai ma pensée présente, nette ; aucun des recoins de mon cerveau n'est encore brouillé : ce dont Dieu soit béni : *amen* ! Par ainsi, rien de ce qui arrive ne m'étonne, mes enfants ; j'en suis attristé, point surpris, et je tâche d'en extraire profit pour mon expérience déjà garnie. Mêmement, dans le pays (c'est Bretagne, vous entendez, à l'embouchure de la Loire, ou approchant), on a surnommé le bonhomme... vais-je confesser cela ? Pourquoi pas, donc ? Eh bien, on m'appelle... *le Père Deux-Liards*, ou *le Père Bon-Sens*, parce que je leur ai dit souvent, à ces jeunes gars : « Je vous souhaite pour deux liards de bon sens, jeunesse ! La marchandise s'est faite rare, chère ; et avec ces deux liards-là on sera opulent, par le temps qui court, ce m'est avis. »

Par là-dessus, me voilà, depuis vingt-cinq années, maire de ma commune, la seule autorité restée inamovible dans le département, je présume. Un beau matin, il y a de cela un peu plus de douze mois, on nous installe au râtelier de la République, ne sais comme : quelqu'un de ces négoces qu'ils font de temps à autre à Paris sans avertir les gens, et qu'ils appliquent hardiment au compte et sur l'échine de la France, y compris la Bretagne. Soit, République : je n'y vois guère à dire; même une bonne et belle république ne me ferait point faire la petite bouche. Pourtant, j'aimerais assez qu'on nous en touchât deux ou trois mots auparavant, à seule fin de nous entendre à l'amiable, comme gens francs du collier, à qui le jeu plaira à condition qu'il n'y ait point de corde dessous, ni tricherie d'aucune provenance ni d'aucun poil. Entretemps, ces exécrables Prussiens nous rongeaient; ce n'étaient que désolation, meurtres, pillage, incendies; vous savez, le tremblement et sa sequelle! Nous en avions la chair de poule, dans nos fermes, nous qui voyions partir nos pauvres enfants, notre sang, notre vie. Et, chaque matin, récits tout frais d'horreurs, de tueries, de saccagements, à épouvanter un Cosaque. Ah! mes amis, la vilaine invention que la guerre, la laide race que ces Prussiens! J'y reviendrai.

Encore, s'il n'y avait eu qu'eux! mais, bonnes gens! tout ce que nous possédons de gueusards dans le pays levaient haut la crinière, et nous régalaient d'un tas de bêtises qui feraient simple pitié si ces bonnes pièces-là n'y avaient ajouté d'horribles menaces, comme s'ils eussent été à la veille de parfaire l'œuvre des bandits d'Allemagne en nous avalant à leur tour. Il fallait, ma fi, entendre leurs beaux déduits pour ne nourrir point raisonnable espérance qu'on sortirait du pétrin sans y laisser ses os, tout au moins patte ou aile. Et, juste à ce moment, comme surcroît de bise hivernale, celui qui nous gouvernait sans pouvoir expliquer au nom de qui ou de quoi, un citoyen Gambetta tombé des nues à la manière des grenouilles après vent sur pluie, nous adresse un morceau de papier en vertu duquel, palsambeu ! l'instituteur de chaque commune devait nous réunir tous les dimanches quelque part, ou même ailleurs, et nous faire lecture, explication, commentaire et prône, tarabin tarabas, de choses passablement drôles, moulées sur une grande feuille qu'ils appellent *Bulletin de la République*. Vraibis ! j'eusse aimé mieux entendre mon digne curé ou son brave vicaire. Que ne nous laissait-on le choix ? Ces papiers-là n'inspirent qu'une confiance mélangée, vu la marque de fabrique. Que si un gouvernement royal par exemple, ou tout autre gouvernement de lieu avouable, eût tenté chose approchante, les cris, réclamations, protestations dudit sieur Gambetta, profondément scandalisé, auraient assourdi la France et couru sur les chemins de fer jusqu'au bout de la Patagonie, un département qu'on dit très-loin du nôtre. Superbe aubaine, camarades, superbe, pour les blagueurs de l'opposition quand-même ; légèrement moins pour nous. Passons : vous diriez que le bonhomme radote.

Généralement, le Breton prend soin de se nantir d'un crâne correctement dur en faisant ici-bas son entrée en scène ; volontiers, de très-bonne grâce, il repousse du pied ce qu'on lui offre avec ces procédés et par ce genre de relations commerciales ; il ne lui déplaît point de regimber, principalement quand il s'agit de certaines phrases, et de certaines bouches qui les mettent au fil de l'air, et de certaines mains qui les écrivent. Pour persuader notre Breton têtu, il convient d'employer des formes, ne rien brusquer, ne pas entonner trop haut, donner la note juste : témoin les révolutionnaires à panache rouge d'il y a quasiment quatre-vingts ans, lesquels ont déclaré en savoir expérimentalement la rubrique. Bref, la fanfare du citoyen Gambetta n'eut point de succès sur la Loire. Et je puis vous en parler, moi qui me ceignis de mon écharpe et apostrophai, à la porte de l'église, en plein marché, mes bons administrés, sur l'air que voici :

— « Braves amis, leur dis-je, un conseil est arrivé qui m'a tout l'air d'un commandement par file à gauche. La gauche ne me plaît point, ni à vous que je sache, et nous sommes citoyens à appuyer sur la droite autant que licence sera donnée de manifester ses préférences. Celui qui s'est établi notre ministre ordonne qu'on vous assemble une fois par semaine, et que vous écoutiez, oreille au guet, un long et large discours de M. notre Instituteur sur les bienfaits du temps présent et du régime nouveau, qui ne demande qu'à s'engraisser et à vivre. C'est bon pour eux ; pour nous, on verra. Donc, avec tous les égards dus à M. Haut-le-Cœur, qui tient si bien notre école, et notre estime par-dessus le marché, mais qui a besoin comme nous de repos et de bonne besogne, je déclare net que ces rassemblements-là n'auront point lieu tant que le bonhomme Jacques sera votre maire ; que le *Bulletin de la République* sera lu de qui voudra, commenté de qui pourra, aimé de qui en aura la veine. C'est mon dernier mot. — Maintenant, mes amis et compères, attendu que nous sommes à un moment difficile et que les étoiles n'abondent point au ciel du pays, j'ai ma maison à votre service, et la mère Françoise m'assurait ce matin qu'on y compte pour l'instant quelques pièces de clairet propre à nettoyer le cerveau et éclaircir le comprenoir : venez-y quand ça vous prendra, le dimanche après vêpres par exemple, et nous deviserons entre nous, de par le bon sens, avisant à nous en procurer les deux liards que vous savez. Grand temps se fait-il, par la sambreguoi ! que le travailleur français secoue la tutelle des hâbleurs, et voie claire dans les mots ! »

Bonnes gens, mon petit discours fut approuvé ; d'aucuns applaudirent, criant : « Vive le père *Bon-Sens!* Vive le père *Deux-Liards* ! » Cela chatouille toujours un peu, vous devinez, et pas n'est requis de s'asseoir au banc des Députés ou de la Cour de Cassation pour un brin de satisfaction et d'estime de soi quand on a couramment prêché. Je dois confesser que le liquide flairé d'avance par un certain nombre de nez bourgeonnés et rougeauds activa l'approbation. Ce n'est point crime, à moins d'insinuer cette insoutenable aberration que, d'un bout de la Bretagne à l'autre, le crime est partout. Breton boit sec, dur, souvent, longtemps, ne vous en fâche, mais sans aller au-delà.

Comprenez-vous à présent, mes camarades et compères, pourquoi je vous adresse ce petit écrit, qui n'est point de haute futaie, dame ? J'y ai mis, tout à la bonne, mes causeries du dimanche avec les cultivateurs et ouvriers, qui ne manquaient pas de me venir trouver. Songer à écrire, non : le bonhomme en aurait eu plus envie que moyen. — Je vous dirai l'affaire par la tête et par la queue. Le siége de Paris par Guillaume de Prusse, un badaud qui n'avait que faire chez nous, avait amené au village un homme de plume, de bonne vie et sens, ayant accoutumance de causer sur le papier, et qui avait fait, ce nous dit-on, plus d'un volume tout pleins de choses à science et à bien-dire. Il voulut venir, lui aussi, entendre Jacques et causer avec lui. Même il apportait sous son bras des livres fameux, et de temps en temps, quand nous avions mis au monde une belle idée, croyant la primeur nôtre, il feuilletait, feuilletait, et nous amenait les mêmes déduits dits et publiés par des gens de renom. Mais comme ça vous est tourné, vertuchoux ! comme ça vous est dit, avec des mots pimpants, joufflus, emportant la pièce! C'était gourmandise d'écouter.

— « Père *Bon-Sens*, dit-il à la fin de Février, ce n'est pas tout ça : il faut imprimer ce que nous venons de discuter entre nous depuis trois mois. J'ai pris des notes après les causeries. Je vous les lirai pour vous rappeler la suite, et vous me dicterez à votre manière. Je sais nombre de travailleurs qui auraient payé cher pour être du festin. Ils n'entendent autour d'eux que niaiseries qui leur corrompent l'esprit, les font esclaves des charlatans de verbiage, et les habituent à l'atmosphère du mensonge, où leur bon sens et leur âme s'étiolent du même coup. Semblablement, on les lance dans un tas d'aventures pitoyables qui nous font rouler de révolution en révolution, ce qui veut dire de désordre en désordre, où ils perdent tranquillité, économies, travail et crédit, et parfois ramassent un coup de fusil pour supplément d'hoirie. Voilà sur la paille la femme et les enfants ! Ils ne sont point méchantes gens, pourtant ; la vérité, ils l'aimeraient si elle leur était montrée. Puisqu'ils n'ont pu venir à vous, allez à eux. Çà, imprimons ! — Aussi bien, on va demander à nos représentants comment, par qui, jusqu'où, nous entendons être gouvernés : cela exigera des lumières : allumez donc votre lanterne, père *Deux-Liards*, et la mettez sous le nez du brave monde. »

C'était flatteur pour le bonhomme, avouez ! Bast, je dis oui, et nous travaillons d'accord, à la même charrue, mon digne ami et moi, lui transcrivant, moi dictant selon ma tête, ou à peu près. La besogne est à peine terminée que nous nous empressons de vous l'offrir, telle quelle, à la bonne da. J'espère que ce ne sera point un de ces petits livrets « morfondus, sans goût et sans suavité de doctrine », comme disait ce vieux dont je ne sais plus le nom. Nous vivons de la même vie, mes camarades et compères ; nous avons les mêmes besoins, des intérêts de même poinçon ; nous faisons route par le même sentier, à travers les sillons du labeur quotidien : c'est le moins qu'aussi nous ayons les mêmes vues, les mêmes désirs, les mêmes idées sur ce qui, fin de compte, touche de près à notre peau et joue l'avenir de nos familles. —C'est pourquoi mettons-nous d'accord, en discutant d'avance ce que nous aurons à répondre le jour où l'on consultera la France. Nous sommes le nombre, sac-à-papier ! nous sommes le droit : soyons la raison, et visons juste s'il se peut !

Le grand point, voyez-vous, c'est de bien savoir s'il nous plaira de demeurer en république, ou si nous reviendrons à prendre roi, comme nous étions depuis quatorze cents ans : là est précisément le nœud. Il exige réflexion, maturité, tranquillité, examen. Il faut tourner et retourner le pour et le contre ; les inconvénients, les avantages ; le bénéfice et les pertes ; le passé et le présent ; les principes et les hommes ; les souvenirs comme les aspirations. Ma manière, à moi, c'est de ne point circumbilivaginer autour du pot, d'appeler un chat un chat, qui le mérite un fripon. Comme ça, point de malenteudus, de sous-entendus ni de noirceurs ; toujours au droit du fil, bonnes gens !

Mes petites réflexions seront divisées et placées dans le meilleur ordre dont le bonhomme est capable. — Là-dessus, je commence.

I

Comme quoi le Bon Sens est la règle suprême de la vie, aussi de la politique.

On m'appelle, moi pauvre vieux, *le père Bon-Sens*, et même, voyez la malice! *le père Deux-Liards*, parce que je n'estime rien de ce qui s'écarte de la raison, et que je m'étonne de n'en trouver pas, pour un liard tant seulement, dans la multitude de jeunes freluquets disposés à nous tenir en lisière, nous les solides du temps passé, qui avons tant souffert, tant sué, tant remué de choses, côtoyé de précipices, affronté de périls. C'est vous dire qu'à mes yeux nul ne vaut qui n'a la raison pour lui. Elle se nommait jadis le *sens commun*, le sens qui appartient à tout le monde, plus ou moins ; c'était comme un bien *communal*, où chacun avait sa part de propriété, un terrain où tous se reconnaissaient et se saluaient.

Hélas ! mes compères, les malheurs du temps ont tellement déchiqueté, rétréci, aliéné ce pauvre bien, qu'il s'est fait presque invisible, et qu'on a dû raccourcir son nom dans la même proportion, pour en faire tout uniment le *bon sens*. N'est-ce pas déjà une calamité, et notable ?

On se plaint, à juste droit vraiment, que la sécurité n'est plus nulle part : — dans la politique, des remue-ménages tous les quinze ou vingt ans, à renverser les fortunes les mieux assises et à paralyser entreprises, négoce et contrats ; — dans la commune, les disputes, les jalousies, la mauvaise foi des transactions ; — dans la famille, l'absence à peu près complète d'autorité et de respect, et par suite la dispersion des membres, qui deviennent très-vîte étrangers l'un à l'autre ; — dans les villes, d'une part la trop évidente corruption des mœurs, agrandie chaque jour par l'infernale industrie des livres honteux et des journaux dépravés ; et, de l'autre, une tourbe d'hommes violents, passionnés, à courtes vues et à convoitises longues, qui perpétuellement se jettent en travers de l'ordre social, au risque de tout faire crouler : ce qui arrive trop souvent pour le repos d'un chacun. Rien d'établi, rien qui résiste, rien qui laisse espoir et courage au cœur. On ne sait pas ce que l'on est aujourd'hui, mais on redoute ce que l'on sera demain. Nous vivons de secoussses, et cela est, au vrai, mourir.

Eh bien, j'estime que tant de maux nous viennent de la perte ou de la diminution du *bon sens* : — c'est-à-dire qu'on ne sait plus se conduire, et qu'on se fait mal conduire. Les mots ont pris la place des choses, la déclamation celle des réalités, les impuissants et les sots celle des habiles et des dignes : un immense bouleversement des conditions et des lois de la vie, que nous ne savons plus distinguer des lois et des conditions de la mort. On accepte tout, de toute main, sans interroger, sans réfléchir, sans comparer. Le vent de nos côtes bretonnes n'est pas plus inconstant que les cerveaux de la génération présente. Hier on pensait blanc, aujourd'hui on pense rouge, demain on pensera tricolore, naïvement, sans se faire prier, sans rougir. C'est assez qu'un monsieur quelconque ait péroré, vîte retournons l'habit : ce qui était vrai, juste et bon la semaine passée cesse de l'être dans celle-ci. Eh! saperlotte, pourquoi donc, mes amis, aurions-nous une tête sur les épaules?

La tête, c'est le siége de la raison, et elle a été mise en haut, m'est avis, avec charge de contrôler tout ce qui sort de nous. Là elle trône, elle est l'œil de l'âme, qui perçoit le vrai, le beau et le bon. Ce qui n'est pas inspecté à cette douane sera contrebande, prenez-y garde, et de la pire. Je sais bien qu'il y a des vérités que le cœur surtout sent et découvre ; la vérité, elle est aussi bien dans l'affection que dans l'intelligence. Point d'équivoque néanmoins : ce qui provient de l'action particulière du cœur, s'il est bon, sera toujours approuvé par la tête; les deux puissances marchent de conserve, en toute harmonie, quand elles sont équilibrées. Approuveriez-vous, camarades, un père de famille qui, frappé de la beauté de l'aumône, distribuerait aux pauvres, sans rien réserver, l'héritage de ses enfants ? Non certes. Et cependant son cœur était à une vérité, celle de la bienfaisance ; malheureusement, la tête, la raison, le bon sens, n'étaient point consultés, et l'absurde suit.

J'admirai en Afrique, au temps où les charmes du service m'y firent user mes guêtres, un Français en possession de ses droits civils et autres, nanti de sommes considérables en vue de neuves et très-notables créations agricoles. Un malin s'ébat à lui narrer, ne sais qui, qu'à Milan se prélassaient des animaux ultraprécieux en toute œuvre de colonisation : énormes, chair exquise, surtout ennemis de gloutonnerie, vivant et pinguédinant sans pitance. Ce dernier point faisait le programme irrésistible ! C'étaient, en parlant par respect, des cochons. Notre héros, incontinent, expédie une ambassade en Italie, en vertu de quoi nous vîmes aborder à lourds frais, en tout honneur voulu, un détachement desdits cochons, forgés aux lointains rivages à cette fin spéciale d'arrondir la bourse du propriétaire sans que besoin fût de la saigner à l'avenir. Naturellement, vous les apercevez d'ici à l'auge du bon appétit; de provende, point. Naturellement encore, les pauvres diables s'empressent à maigrir, s'efflanquent, finalement crèvent. Stupéfait, le colonisateur émérite mande un vétérinaire et ouvre conseil. On ouvre aussi les victimes. — « Mortes de faim ! » dit l'homme. — « De faim ! vous me la baillez belle ! Ce sont bêtes exemptes de la commune servitude, et qui ne mangent point : le prospectus est là, authentique et paraphé, homme de l'art ! — De lard, n'en aurez mie. Ceux qui vous servirent cette bourde sont bêtes eux-mêmes, je dis bêtes fieffées, bêtes à licou ; et, n'étaient les règles du bien-vivre, j'ajouterais, mon maître, que les autres qui l'ont avalée sont taillés sur patron pour prendre grade en la confrérie. Que ne pratiquent-ils de préférence les asperges, les grenouilles des Marais-Pontins ou les poulets à la mécanique ?» — Homme d'esprit, ce colon, a-t-on dit : mais essayez de faire entrer ses cochons de Milan dans la bergerie du sens commun !

C'est que l'esprit n'est pas le bon sens ; oh !

tant s'en faut. Un digne administrateur, par exemple, aura sous son patronage une importante maison, de plein rapport. « Eh quoi ! pense-t-il un jour, mon carrosse aborde avec peine ! Tout doux ! je vous ferai pratiquer un beau petit chemin qui me portera mollement ; et, comme la dépense peut rouler aux alentours de treize à quatorze mille francs, nous trouverons cette épingle dans la marmite de l'établissement. » Et la nourriture est d'ores et déjà mesurée si serré, si harpagoniquement réduite, que, l'année suivante, la route sera superbe, et la maison veuve d'habitants. Homme d'esprit toujours, celui-là aussi, je suppose ; de bon sens, peu ou point. La raison, n'est-il pas vrai ? nous avertit que les moyens doivent être proportionnés à la fin, et que, si l'on casse les branches du poirier pour cueillir les fruits plus à l'aise, inutile de revenir l'automne suivant.

Notre instituteur villageois, qui vaut son pesant d'or, pour vous le dire en passant, me citait un estimable mot, qu'il dit avoir pêché en ses livres : « Dans le monde de l'intelli-
» gence, le bon sens est la propriété foncière,
» l'esprit n'est que le mobilier. » C'est tapé, ça, ventre-de-moi ! Ecoutez la fin : « Si l'opi-
» nion est la reine du monde, le bon sens est
» le roi de la société. » Certains imbéciles, que

nul n'en avait chargés, ayant chassé les rois, le roi Bon-Sens, le seul de force à nous bien mener, a disparu comme les autres, et nous n'avons plus que le mobilier, c'est-à-dire l'esprit; le foncier est défoncé, c'est encore à dire le bon sens. Nous voilà propres !

Le bon sens, où le rencontrez-vous à cette heure ? Des politiques à interminables discours, des avocats à rutilantes plaidories, des journalistes à phrases chatoyantes, ronflantes, mordantes, corrompantes, parbleu ! nous n'en chômons. Parcourez-moi un peu la liste des paons du jour : oh çà, de bonne foi, nierez-vous que M. Hugo, M. Blanqui, M. Rochefort, toute la bande, sarabande et contrebande, en général et en particulier, sont gens d'esprit ? De l'esprit ! mais ils en ont à foison, à double mesure : accordé. Et maintenant, toujours en même bonne foi, me les donnerez-vous pour hommes de sens rassis, pratique, sérieux, pour hommes de sens commun en un mot ? Non : car tout ça vous a dans la cervelle quelque casier vide, où se logerait de soi la surprenante découverte des cochons de Milan, si déjà l'exploit n'était acquis. Non : car ils ne connaissent rien, malgré leur style vernissé, aux insurmontables lois de la société humaine. Non: car ils vous déchaîneront cinquante tempêtes, sans se douter seulement qu'ils frappent les vagues populaires d'une baguette abominable sous sa dorure faux teint. Non : car ils sont pères de prétendus principes qui scandalisent toute âme douée de vue saine, et capable de retour sur elle-même. Et pourtant, ces gens d'esprit exercent sur notre temps une prédondérante influence; leurs noms viennent nous agiter à la porte de nos cabanes et de nos fermes, au fond de nos ateliers, derrière notre comptoir ; ils règnent dans la rue, ils mettent au pas de course des masses fanatisées, ils dictent à l'opinion ce qu'elle doit croire, et on les surprend à toute heure pesant sur la conscience publique pour l'élection des législateurs de la France !

J'aime mon temps autant que personne, mes amis ; j'apprécie ses progrès, j'estime ses découvertes, et sous bien des rapports il vaut un autre siècle. Mais, tout en n'ayant connaissance trop avancée de l'histoire, je jurerais sans barguigner, je parierais sans lâcher, que des Arago, des Pyat, des Rochefort, auraient passé sans obtenir même un regard, dans un temps où l'on eût été moins déshérité du sens commun. Nous nous sommes attardés à l'admiration d'oripeaux peinturlurés, pendant que le sol s'effondrait sous nos pieds.

Le bon sens, dans la conduite, c'est la conformité des actions avec l'honnête et le juste. Le bon sens dans les pensées, c'est l'œil de l'esprit fixé sur ce qui est vrai.

Or, bonnes gens, il est honnête et juste de demander, à un docteur qui s'offre à nous tripoter avec ses drogues, où il a étudié, où il a pratiqué, et s'il connaît son art.

Il est honnête et juste, il est indispensable, de s'informer, de celui qui prétend à l'honneur de mener la barque de l'Etat, s'il a su guider convenablement, par mesure provisoire, la sienne.

Il est indispensable, juste, honnête, de savoir si l'écrivain qui nous jette ses formules de résurrection sociale marche lui-même de verte allure au chemin du bien. Sinon, qu'avons-nous à faire de ses sentences fleuries, de ses promesses enguirlandées ?

Juste, indispensable, fondamentalement de sens commun, qu'on nous assure que le courtisan de nos votes pour apporter l'ordre dans nos finances a su gérer les siennes, et qu'après avoir mangé son bien ce n'est point le désir d'en réparer les brèches qui le porte vers le coffre-fort public.

« Dis-moi qui tu es, je te dirai ce que tu feras ». Le proverbe est modifié ; mais, tel que je vous le présente, il renferme une vérité aussi précieuse que l'ancien, lequel n'est point à mépriser non plus. En fait de choix pour nous gouverner, on ne se fortifie jamais d'assez de renseignements, de précautions. « Ce que tu plantes dans ton jardin, disaient nos anciens, te rapportera profit; mais, si tu y plantes un homme, il t'en chassera. » Ne plantons que des hommes de bonne race, dépourvus de l'intention de chasser les propriétaires.

Si, avant de nous laisser béatement embarbouiller par les charlatans, écrivassiers, rimeurs, déclamateurs, journalistes, avocats, lanterniers, affamés de tout poil et de toute école, nous avions appelé au conseil le bon sens, et invité ces honorables à exhiber leurs papiers, par la ventrebille! pensez-vous, camarades, que nous serions où nous sommes, ruinés, saccagés, haletants?

Cette fois du moins, résolus de nous comporter décemment, voyons chaque chose à cette lunette, qui ne grossit ni ne diminue les visages, mais qui perce les masques.

II

Comme quoi de mots très-creux on fait un ridicule épouvantail.

En fait d'inoculation du bon sens, je vous dis que les mots ne font pas la nourriture substantielle des gens; parce qu'ils ont frappé l'air et même s'y sont incrustés, ils n'engraissent pour cela personne. Là revient très-bien le mot doré d'un vieux de mon temps : « Avant de serrer un écu, examine-le pour t'assurer que ce n'est point du plomb. » Par le coq-à-l'âne ! qui se contente de l'apparence, et s'en rapporte au premier-venu, est près de la banqueroute. Je veux savoir, moi, si la pièce de dix sous qu'on me passe est de bel et légitime argent, si l'effigie indique juste provenance. Un mien compère, plus étourdi que ne comportait l'état amaigri de sa bourse, perdit ainsi le prix de ses deux meilleures vaches à l'une des foires dernières, confins de Normandie.

Or, mes dignes camarades, voici tantôt un siècle qu'on nous berne et qu'on nous empoisonne avec des mots creux. Que dit ici notre amé et féal bon sens? Qu'il faut lever le masque, aller au plein visage, écarter les oripeaux, à cette fin de voir ce qui se trouve réellement là. Ah dame, vous l'avouerez tout-à-l'heure comme le bonhomme, si la France avait eu accoutumance de faire ça auparavant que de bondir, elle eût couru un tantinet moins étourdiment après les chimères, et se porterait mieux. On ne se préoccuperait point de lui guérir les poumons et les reins, si fort endommagés méshui.

Dans ma petite jeunesse, je n'ai pas oublié cela, le dada d'un chacun, parmi les liseurs surtout, c'était *philosophie :* un mot grec, paraît-il, qui voudrait dire « amour de la sagesse ». Peuh ! ils nous en ont fourni, de la sagesse ! On n'entendait plus conjuguer qu'un verbe : *Je philosophe, Tu philosophes, Il philosophe, Nous philosophons*; ils *philosophaient* tous. Un ambitieux entendait-il escalader les honneurs et les charges, vite il s'affirmait *philosophe ;* un pleutre voulait-il recouvrir ses dissolutions et ses hontes, c'était un *philosophe ;* un imbécile (espèce pullulante) éprouvait le besoin de poser, de faire la roue, en un tour de main vous possédiez un *philosophe* à trente-huit ou trente-neuf carats, rien de moins ; un casseur d'assiettes traqué par la maréchaussée exhibait son diplôme *philosophâtre ;* un insulteur des choses saintes, *philosophe* raffiné; un coq de village, dans ses sabots fangeux, *philosophe*, *archiphilosophe !* Et cela donnait droit au titulaire de débiter les bêtises par charretées, d'outrager le curé qui l'avait baptisé, de renier le bon sens, d'abjurer la bonne vie. Et la multitude regardait bouche béante ces beaux sires, et l'on s'en allait disant : « C'est un philosophe ! » et la corruption montait, montait, sous couleur de sagesse ; jusqu'à ce qu'un matin on s'aperçut, trop tard, que le noble royaume de France avait sombré, et que l'œuvre glorieuse de treize à quatorze siècles s'abîmait dans le meurtre, l'anarchie, la boue. Lesdits *philosophes* avaient parfait une première fois l'opération prussienne de 1871.

Ils inventèrent, après cela, — l'autre étant râpé, usé, perdu, — un mot de semblable fabrique : *Philanthrope ;* comme qui dirait *ami des hommes*. Alors tout fut cuit à la *philanthropie*. — « Es-tu philanthrope ? moi aussi : nous philanthroperons ensemble. Délectable, *philanthroper !* » D'aucuns disaient *philanthropiser*, *Je philanthropise ;* les huppés de la tribu. Ils pleuraient, cœurs de mou-de-veau, sur les misères de la pitoyable humanité ; ils abhorraient la tyrannie, les tyrans, le tire-pied, le tire-bottes, tout ce qui tire, tout ce qui sonne en *ire*. Moutons étaient-ils, et bergeries florissaient. L'honnête Carrier, plus tard boucher de chair humaine, tombait alors en faiblesse à la vue d'une mouche dont on cassait la patte. Bref, une nuée de *philanthropes* à vous persuader qu'on ne serait plus malade, qu'on ne mourrait plus, que la fraternité guérissait désormais toute plaie, et notamment cette blessure écœurante qui a nom « faute d'argent ». — Ah ! mes compères, dix ans après, en pleine philanthropie, on vit jeter le capitaine par-dessus les bords, assassiner les officiers, couper les cordages, abattre les mâts, incendier les registres, tuer, massacrer hommes, enfants et femmes, voler la caisse, les nouveaux maîtres se baigner dans le meurtre, et, sur une mer de sang, heurtant les cadavres, aborder au port de la Terreur !... Je vous le dis, je vous le dis, méfiez-vous des mots. Il n'est pas de poignard plus perfide et plus aigu.

La Révolution était donc en pleine bacchanale, et elle nous était venue sous les étiquettes de *philosophie*, de *philanthropie*. Ces étiquettes décollées par le sang, on eut vite fait d'en appliquer d'autres. Ce fut d'abord la *nation!* L'échafaud se promenait-il dans nos campagnes, égorgeait-on des innocents pêle-mêle avec leurs parents aussi peu coupables, confisquait-on à tort et à travers, démolissait-on les églises après les avoir pillées, décernait-on des primes aux filles-mères : la *nation* le voulait ainsi ! Un lâche coquin s'emparait du pouvoir et le souillait de ses forfaits : la *nation* l'avait tout justement chargé de ce négoce ! La *nation* était partout, et de fait exécrait ces horribles sauvageries et ces sauvages. Avec le mot de passe, la *nation*, chacun laissait circuler le crime, et nous, Français, nous ressemblions à une troupe de voyageurs arrêtés au coin d'un bois par les bandits, et qui n'osent résister, croyant avoir affaire avec la gendarmerie et la loi. — Il en va tout ainsi dans mes vieux jours. On tire le même pantin du sac ; seulement, ce n'est plus *nation*, c'est *peuple*. A l'improviste, des avocats, des journalistes, les chefs de ces cavernes qu'ils appellent *clubs, clobs, clous* (au diable le mot ! je ne l'ai su retenir), nous apprennent par le télégraphe que *le peuple* a décidé, *le peuple* a décrété, *le peuple* s'est fait justice, *le peuple* veut tel gouvernement, *le peuple* a manipulé, couvé, conduit à éclosion un bon petit renversement de la société, à l'usage de la prospérité publique et commune. Les anciens, comme le père Jacques, enfoncent leurs lunettes, cherchant à se convaincre qu'ils ont bien et correctement lu : *l, e, le ; p, e, u, peu ; p, l, e, ple ; le peuple !* Par la gerni, elle est fameuse celle-là ! *Le peuple !* mais c'est vous, c'est moi, c'est le marchand, le cultivateur, le bouvier, le propriétaire, le prêtre, le prince, l'artisan, nous tous : et voilà que nous avons bouleversé le pays sans en savoir un traître mot ! Et chaque sottise dont ils chargent leur conscience là-bas, c'est nous qui la devons endosser ! Mais encore figurez-vous que d'excellents dadais vous répètent cela à tout propos, en imbéciles qui le croient, mettant le poing sur la hanche si vous prenez licence d'y contredire ! *Le peuple !* mais puisque vous fonctionnez si apertement en son nom, que ne vous informez-vous de son vouloir avant d'opérer? Est-ce qu'il vous arrêterait, par hasard? Cela étant, il devient limpide que vous traduisez sa pensée au rebours. Attendez sa délégation, s'il vous plaît; ces choses-là ne se présument point, m'est avis !

Mieux encore, s'il se peut... Nos délégués spontanés, de qui nous ignorions jusqu'au nom, se constituent sur-le-champ tête et cœur du pays, à telle enseigne que, si vous venez à vous oublier devant leurs majestés éculées, c'est *au peuple,* mes amis, qu'on a manqué. Tel cet inspecteur improvisé de nos marchés, qui, atteint d'un coup de pied de vache au milieu du champ de foire, s'écria royalement : « Qu'on détache cet animal et qu'on le jette en fourrière : il outrage le représentant *du peuple !* ». Je connais le sot, il est de chez nous. — En 93, un autre de même crin traîne à son tribunal une bonne vieille de notre village chez qui il a découvert, horreur ! un flacon, et sur ce flacon *Eau de la Vendée* ! Voilà qui crève les yeux: c'est une aristocrate, cette vieille, un réceptacle de conspirations; son cas mérite la mort ! — « Mais, mon excellent juge, dit en pleurant la pauvre femme, ce monsieur lit mal : il y a *Eau de lavande,* et non *de la Vendée* : qu'on apporte le flacon, on verra bien. — Tais-toi, citoyenne, hurle le commissaire : supposer qu'un agent *du peuple* ne sait pas lire, c'est injurier *le peuple* tout entier ! » La malheureuse fut conduite à l'échafaud !... — *Le peuple* par-ci, *le peuple* par-là, ils en ont plein la bouche !

Aristocrate : un autre mot que j'ai vu à la mode, une autre machine à polissonnerie et à carnage. Mon ami le savant m'explique que cela signifie, à la lettre, « le commandement au meilleur, au plus digne ». Eh bien, ils l'avaient souillé, ce mot. Dire à quelqu'un « Vous êtes un *aristocrate* ! » c'était le dévouer à la guillotine, la *sainte guillotine* comme ils disaient. On avait persuadé à la France qu'un *aristocrate* (lisez tout homme de vertu et d'opinion honnête) était le pire des monstres, l'irréconciliable ennemi de la nation, et là-dessus, bonnes gens, le bourreau ne se reposait plus. On ne se donnait même pas le luxe de plaindre les infortunées victimes : n'étaient-ce pas des *aristocrates !* Le mot couvrait l'assassinat, et une partie de la France, égarée par cinq petites syllabes, battait trop souvent des mains à ces monstruosités. — Ce viellard au noble visage que vous allez tuer, citoyen, qu'a-t-il fait, je vous prie ? — *Aristocrate !* — Cette mère de famille envoyée au supplice ? — *Aristocrate !* — Ces quinze mille enfants qu'on perce de baïonnettes dans notre Ouest ? — Tous *aristocrates !* — Et ce porteur d'eau, et ce serviteur, et cet humble marchand ? — *Aristocrates*! je vous dis, *aristocrates* ! — Et l'on s'inclinait. Encore une fois, cette désignation était travestie auprès des masses ; à ce point (le fait est public, les pièces en sont au greffe) qu'un chien barbet fut exécuté légalement, après sentence du tribunal, sur la grande place d'Angers, comme *aristocrate*.... Il avait pleuré son maître, guillotiné par les doux terroristes !

Lorsque, après le premier Empire, nous furent rendus nos anciens rois, les exploiteurs du peuple adoptèrent le mot d'*émigré* pour soulever une partie de la nation contre l'autre, et essayer de passer entre les deux. Ma foi, camarades, être *émigré*, dans ce bon temps-là, ou dévoué à la haine, aux outrages, à la proscription, c'était tout un. Le peuple, seriné à nouveau par ses docteurs, ne comprenait pas qu'on pût être *émigré* et n'avoir que deux pieds... Et qu'était-ce pourtant qu'un *émigré*? Un homme, une femme, une jeune fille, un enfant, qui, à l'époque de la Terreur, avaient fui l'échafaud et cherché un asile à l'étranger, d'où ils étaient revenus, qui plus tôt, qui plus tard, dès que l'apaisement s'était fait. Ceux qui, entre, temps, avaient opéré main-basse sur leurs biens ne virent point ce retour avec allégresse, vous m'entendez : ils se firent acharnés comme des démons contre ceux dont ils retenaient les dépouilles. Manœuvre toute simple dans ces vautours; mais dites-moi comment une honnête nation, spirituelle, fine, a pu se laisser empocher à cette profondeur par des drôles et des menteurs ! La puissance des mots, lorsque le bon sens ne se hâte pas de les fouiller et de les rendre à leur signification !

On avait bien encore alors, et cela continua sous le régime de Juillet (un régime que je ne vous recommande guère), le mot de *Jésuite*. En a-t-on débité, des fadaises sur, avec et contre celui-là ? Chansonniers, romanciers, orateurs, piliers de cabaret, débitants de sales gravures, éditeurs de journaux pourris, tous déjeûnaient du *jésuite*, et s'en régalaient le soir au dîner. La simple multitude, comme toujours, hurlait en chœur contre les *jésuites*, sans savoir au juste, ni même approchant, ce que cela pouvait bien être : chacal, tigre, rhinocéros, buveur de sang? Le bonhomme Jacques y fut pris lui-même, compères : oui, il l'avoue tout bas. Le bonhomme crut à une immense et souterraine conjuration dirigée par ces féroces *jésuites*. On le disait si haut, si couramment, sur des tons si variés ! — Au fond, il s'agissait d'une association de quelques centaines de prêtres distingués, hommes de talent et de vertu, retirés du monde, dispersés dans leurs maisons de prière, aux quatre coins du royaume, et qui passaient leur vie à prier, consoler les affligés, rendre au bon chemin ceux qui leur demandaient ce service et ce secours! Comme ils devaient rire dans leur barbe, les tribuns écrivassiers qui nous trompaient ainsi!

A-t-on, depuis, changé l'arme d'épaule? Il le fallait bien; à la première elle ne tenait plus. Le *Jésuite* s'est modifié en *clérical*. J'ai lu quelquefois, au cabaret de chez nous (jamais sans perdre patience), un pitoyable journal, imprimé tout exprès pour les guinguettes, le *Siècle*. Vous connaissez cela, camarades : tant pis, la connaissance profite peu! Le *Siècle* y plonge, y plonge, dans le *clérical*, à croire qu'il se va noyer (*amen!*). A l'entendre, tout est perdu si nous tolérons les *cléricaux*; ce sont eux qui font tout le mal, sans plus. Le troupeau des benêts, en conséquence, maudit le *clérical*: inévitable, cela. Or bien, mes compères, respectez-vous votre curé, faites-vous votre devoir en allant à la messe le dimanche, désirez-vous que vos enfants soient élevés en chrétiens, surtout (le *Siècle* en pâlit) estimez-vous que les routiers d'Italie qui ont détroussé le Saint-Père et renversé les gouvernements légitimes ont besoin d'être mis à raison : vous êtes des *cléricaux!* en voilà plus qu'il ne faut pour vous bousculer, vous honnir, vous conspuer.

Clérical quiconque introduirait dans sa pensée l'ombre d'un doute à l'endroit du génie de MM. Pyat, Rochefort, Esquiros, Mégy, etc., et qui s'oublierait à ce point de refuser son vote à ces illustres démolisseurs. — Ventre-de-moi! cela fait suer!

Je ne finirais de la journée si je passais en revue la collection complète de ces odieuses bévues, dont nous avons notre part grâce à la crédulité stupide qui nous conduit à accepter sans contrôle une monnaie fausse, grossièrement fondue, sans effigie légale et sans cours. *Civilisation, progrès, régénération*, on nous en sert à l'oignon, aux tomates, aux pommes de terre, à l'ail, et cette lourde digestion est partout. Abandonner le village, oublier son vieux père, laisser dans le besoin une mère, un aïeul, des sœurs, pour se porter dans les grands centres et s'y encanailler, *progrès!* Déserter Dieu, son baptême et sa foi, *civilisation nouvelle* : nouvelle en vérité, car l'homme passe à la profession d'animal, buvant, mangeant, dormant, aboyant ou miaulant, et c'est tout. Profaner le dimanche, sanctifier le lundi au cabaret, y absorber les bénéfices de la semaine, parmi les rires pestilentiels et les blasphèmes diaboliques, pendant que de petits enfants et une femme souffrent de la faim, du froid, de la honte, et n'ont de quoi payer le loyer ; et puis, siéger dans un antre de violences et de discours infects, pour, au besoin, descendre à la rue avec un fusil dirigé contre des frères : *régénération!* Mes cheveux blancs le voient, mes oreilles en sont assourdies, mon cœur en est bouleversé, mon esprit s'épouvante à l'aspect d'un avenir enfonçant ses racines dans ce fumier. Maugrebieu ! que le Maulubec trousse donc une bonne fois les misérables gâcheurs de mots sophistiqués! et tâchons, nous autres, de revenir au bon sens! — Camarades, nous étions, au vieux temps, moins bien logés, pauvrement nourris, couverts d'habits usés, d'étoffe grossière: et je vous dis que nous vivions plus tranquilles, plus joyeux et plus gais, parce que l'âme était à sa place et que le talon de botte démocratique ne l'avait point foulée. Plus gais, ai-je dit : nos campagnes retentissaient de populaires chansons apprises de nos pères ; on poussait le refrain en labourant, en fauchant, à la vendange ; la famille et les traditions nous soutenaient : je dis que nous valions mieux. Venez chez nous méshui : plus de chants, plus de gaieté, presque plus de famille ; l'amour du lucre, la sottise bavarde, les jurements, la jalousie, les mots prétentieux, creux et faux, ont remplacé nos bonnes douces mœurs. Si c'est là votre *progrès*, gardez le paquet. Point n'en voulons !

Et maintenant, c'est de *dîme*, de *corvées*, de

despotisme des nobles, qu'ils s'en viennent nous étourdir ! En vérité, ils croient donc avoir affaire à des imbéciles sans remède ! Qui leur annonce le rétablissement des dîmes ? Et encore la dîme est-elle le quart à peine de ce qu'ils paient aujourd'hui en impôts. Nous serions heureux, ma foi, de n'avoir à nous exécuter que pour un dixième ! Mais ils ne croient pas un mot de ce qu'ils disent, les pleutres et menteurs. Ils semaient ces mêmes billevesées en 1830, avant de faire leur coup contre ce gouvernement si honnête, si paternel, si économe, de la Restauration, qu'on n'a pas remplacé. C'était là le bon temps pour l'ouvrier honnête, le cultivateur, le journalier, le commerçant, l'homme d'affaires. Pour moi, j'aimerais mieux traiter avec dix nobles que d'avoir à m'incliner devant un seul de ces paltoquets sortis des bas-fonds de nos troubles, et se vengeant de leur nullité et de notre mépris par une morgue et des impertinences que ne connaît point un gentilhomme.

Résumons, mes amis. Tout cela veut dire qu'il faut se tenir en garde contre les mots avant d'avoir compris, par le large et par le long, ce qu'ils ont charge d'exprimer. Sans des mots ridicules au début, qui se sont faits ensuite l'atmosphère d'un siècle, les crimes qui ont déshonoré la France et compromis la patrie seraient encore dans le domaine des impossibilités et des fantasmagories d'imagination montée. Ne mettons pas notre raison aux galères pour les ambitions aigües et les phénoménales convoitises de quelques phraseurs se jouant de nous, buvant le champagne à notre bêtise et à ses frais, et à qui malaisément confierions-nous deux cents francs sur hypothèque. Mêmement que l'hypothèque n'est pas le côté fort de ces hâbleurs en quête d'une paire de souliers. Sachons ce que nous disons quand nous employons une expression fraîchement issue de fabrique : et, moyennant cette vigilance, le père *Deux-Liards* vous certifie qu'il se verra moins de stupidités en circulation, moins de cœurs aplatis, moins de ruines dans les affaires, moins d'os brisés par l'émeute ; nous pourrons continuer en paix notre petit bonhomme de chemin, jusqu'au grand repos qui nous attend tous.

III

Comme quoi il est des temps de peste, et qu'il s'en faut garer.

Pas belle, la peste ! pas belle du tout ! Ce qui me faisait proférer assez haut cette verte maxime, l'autre jour, sur le soir, je vais vous le conter par le menu, mes dignes compères.

J'étais allé acheter des bœufs au bourg prochain (il a nom Cordemais ; toujours Bretagne, palsambleu !), une commune paisible, bien fournie en honnêtes gens, où le bon sens est honoré de vielle date ; même on le dirait un meuble de chaque maison. Le bon sens, vous savez, ça m'attire ; c'est l'air où les poumons d'en haut se dilatent, que c'est jouissance de roi. — Peuh ! qu'est-ce que j'apprends là ? Chacun devisait de la guerre, des Allemands, de nos malheurs, de nos désastres, de l'obscurité des destinées à venir, et tout le reste. — « Les Prussiens avancent, me dit sentencieusement un gros bonnet du lieu, le père Polycarpe Goguelu : sûr, ils vont nous manger, la Loire nous va charrier ces rongeurs par ici. Rien d'étonnant : c'est l'Empereur qui nous les expédie, et nos curés leur adressent de l'argent par centaines de mille francs. Voire, le *Denier de S. Pierre* y passe ; c'est une couleur pour nous faire délier bourse au service de l'Allemagne... » Je regarde mon homme entre les deux yeux, scandalisé que, même en plaisantant, un Breton de souche correcte énonçât telle balourdise. L'homme ne sourcillait; on l'avait, ma foi, ensorcelé, enrégimenté dans la division des sots, premier bataillon, premier régiment, n° 1 du matricule ! — « Père Goguelu, fis-je, je ne vous reconnais plus : vous, et ça ! M'est avis que vous sortez d'un cauchemar ; j'en mangerais ma tête ! — Point, répondit-il : j'affirme la chose ; tout le monde le sait, il n'y a mystère, allez ! » — Jarnibieu! pour le coup, mes compères, je crus à mon tour que je rêvais. J'aborde plusieurs autres amis, je prends langue auprès d'eux : la plupart admettaient comme Evangile cette triple et quadruple imbécillité... Et depuis on m'a juré que par toute la France, à peu près, elle avait joui des honneurs de bienvenue. Camarades, est-ce à renverser, oui ou non ? Je tiens maintenant que tout est possible en fait de bouffonnerie et d'exploitation de la cervelle française. Quand le Breton est pris, par la sambreguoi! c'est que le pays tout entier a la peste en poche.

Comment, benêts que vous êtes (excusez-moi de vous appeler du nom qui brille à vos chapeaux) ! mais ceci est pis que les cochons de Milan desquels nous parlions tout-à-l'heure. Ah ça, vous vous faites assez dindes pour croire que Napoléon est allé prier poliment MM. les Prussiens de venir saccager son empire et le jeter lui-même par terre! Et d'une!-- Assez dindes pour croire que nos prêtres, qui nous enseignent la vérité, l'honneur, la justice, qui sont les plus patriotes parmi nous, et cela de tout temps, s'emparent de votre argent comme des larrons, en pleine église, sous les yeux de Dieu, dans leurs fonctions sacrées ! Et de deux ! — Assez dindes pour croire que cet argent, prix de vos sueurs, offrande et témoin de votre charité, ils le mettent dans la main des égorgeurs de leurs frères, de leurs neveux, de leurs concitoyens, de la France ? Et de trois ! — Assez dindes pour croire que les centaines de mille francs se pondent couramment au moyen des centimes et des demi-sous tombant à larges intervalles dans la bourse paroissiale qu'on vous présente ! Et de quatre !

Mais nous ne sommes donc plus des hommes ! mais le sens commun, mais l'idée de l'honneur, ne seront donc pour vous que défroque, article pour mémoire ! mais le cœur a donc émigré de toutes les poitrines ! Parbleu, je me suis aperçu maintes fois que plus une absurdité est grosse, plus énorme est sa panse, et plus notre peuple en *progrès* se l'assimile d'appétit. C'est à la fois régal et fête. Des sommes envoyées à Guillaume, imputation stupide ; mais cet envoi opéré, ce disent-ils, par les hommes vénérables qui instruisent leurs enfants, consolent leurs malades, prient pour leurs morts, allument au milieu d'eux la lumière des saints et fortifiants enseignements, et dont la seule présence sollicite à la vertu, voilà qui accuse en vous une dégénérescence profonde; elle consterne et décourage le bonhomme Jacques. Déroute complète, complète, mes amis, au manoir de sa raison !

J'entretenais sur ce chef mes pensées au retour, arpentant la grand'route avec mon bidet. L'honnête animal semblait me comprendre et partager ma peine. — Après tout, me disais-je, nos gars sont trop braves pour avoir inventé ces polissonneries ; il y a par nos campagnes, comme il y a dans les ateliers, des émissaires des sociétés secrètes et de pleutres conspirateurs qui sèment cette ivraie à chaque crise nouvelle, afin sans doute d'entretenir l'agitation, l'inquiétude, de paralyser les forces sociales capables de ramener l'ordre, de mettre en discrédit tout ce qui a valeur et poids dans les conseils humains. Nos ignorants et crédules paysans n'y regardent point jusqu'à la doublure. Et néanmoins, mille pipes de faïence ! dès qu'il s'agit de flétrir aussi odieusement leurs pasteurs, un peu de précaution ne gâterait rien.

Ce me fut motif de m'aboucher tout de suite avec le plus instruit de notre paroisse, un officier rivé à l'étude depuis qu'il a sa retraite, pilier de droiture autant qu'homme d'intelligence. Je lui expose le cas et lui manifeste mon ébahissement. Lui, sans s'émouvoir :

— « Père *Bon-Sens*, me dit-il, je m'étonne que vous vous étonniez. La balourdise contemporaine est sans limites et sans fond, mon camarade ; bien habile qui la mesurerait tout entière et la saurait peindre au vrai, en ce moment surtout. Nous sommes en saison de peste, de contagion morale. S'en gare qui peut !

— » De peste ! repris-je légèrement déconcerté. Comment l'entendez-vous, s'il vous plaît ?

— » Mon bonhomme, au moment où vous entriez je lisais une brochure traitant de la politique, œuvre d'un écrivain à qui l'on veut attribuer du talent, qui même a la réputation d'un penseur, et je me heurtais à cette déclaration saugrenue, inouïe, présentée sans formule de sentence : *J'aimerais assez les légitimistes sans la légitimité*. Ce maître sot ne s'aperçoit pas que sans légitimité point de légitimistes, comme sans tribunaux point de juges, sans prairies point de foin, sans maisons point de ville. Exactement comme s'il avait dit : *J'aimerais assez les chrétiens sans l'Evangile, les honnêtes gens sans les commandements de Dieu qui les forment*. Eh ! mon cher Jacques, quand les hommes qui promulguent des paroles insensées comme celle-là goûtent les honneurs de la renommée, je vous dis qu'il y a peste dans les têtes, et que générale est la contagion. Cela étant donné, ne vous émerveillez de rien : vos gens de là-bas, avec leurs ineptes propos, sont atteints de la peste régnante. A certains moments de l'histoire, nous apercevons tout-à-coup une étrange débâcle dans les idées reçues, les idées éternelles et vraies. L'Ecriture-Sainte appelle cela les fumées du puits de l'abîme. Et ce sont fumées réelles. Ce qui la veille était loué n'a plus grâce devant la multitude; on se rue sur l'impossible, sur l'absurde, sur le niais, et de-là facilement naît le crime. Les meilleurs cerveaux se troublent, les sociétés paraissent hors d'elles-mêmes; l'invraisemblable, le grotesque, le faux, le surfait, sont à l'ordre du jour. Des êtres que décorait un juste mépris se trouvent poussés par un flot inconnu au sommet des affaires et de la renommée; honnis sont les gens de mérite et de sens! Nul ne se voit écouté s'il n'abonde en extravagances. Alors ce ne sont pas les corps qui souffrent, ce sont les âmes, et le remède est difficile; il ne se rencontre ordinairement que dans l'excès même du mal, qui produit réaction. Cette réaction sauve les malades. Sans cela, ce serait le dernier cataclysme, après que les hommes se seraient dévorés entre eux. Ma conviction, à moi, père Jacques, est que le démon fait cette besogne, que ces jours-là il lui est accordé main-levée de tenter et d'aveugler le monde, comme il tenta et frappa le héros de la souffrance noblement vaincue, Job. Son haleine méphitique vicie l'atmosphère où se meut notre âme, et nous y respirons la sottise et le mal, sans que beaucoup s'en puissent défendre, qu'à force d'union à Dieu et à la vérité. — Je ne m'explique pas autrement les atrocités de 93, les saturnales de 1830, les aberrations de 48, les crimes présents. Voyez là tous les symptômes d'une fièvre intense. Laissez tomber cette fièvre : la société en convalescence rira de sa folie passagère, guérira, se rassiéra.

» Et, continua-t-il en s'animant, si nous descendons plus souvent que nos pères dans ces mortelles épreuves, c'est que nous ne sommes plus équilibrés comme ils le furent. Le choléra faisant invasion dans une ville, dans une région, où prendra-t-il ses victimes préférées ? parmi les santés chancelantes, là où l'harmonie des organes et des fluides vitaux a été entamée, où l'équilibre de la machine est rompu. Ainsi fait le choléra moral : nous lui avons préparé des sujets de choix, et nombreux. L'équilibre, pour l'être intelligent, pour l'homme, c'est le développement parallèle et harmonique des intérêts de l'âme et des intérêts du corps. La société nouvelle ne songe plus à l'âme ; elle est trop occupée de ses usines, de ses fabriques, de ses machines, de sa vapeur, de ses produits commerciaux, où se viennent étioler et déformer des générations qui bientôt ne seront plus qu'un troupeau avili, comme les esclaves du monde païen. Voilà pour le corps, voilà pour les sens; tout pour eux. Et la conscience et l'intelligence, et le cœur, dites-moi, à l'exception de nos prêtres qui luttent généreusement contre la marée montante, contre le courant de cette dégradation, qui donc s'en inquiète aujourd'hui? Or, je le répète, ce défaut d'équilibre perd tout. La peste morale sévit à loisir sur l'homme-machine. Nous sommes à l'une de ces heures. — A quelle époque encore, dans quel pays, sur quel rivage barbare, avait-on vu des feuilles populaires jetées en pâture aux affamés de l'âme sous ces titres épouvantables : *l'Athée, le Damné, l'Excommunié, le Réprouvé*? Quatre journaux, quatre tumeurs, qui nous démontrent l'extrémité d'abjection que ce siècle industrialiste connaît, endure et propage! L'industrie, belle et louable chose; mais l'*industrialisme*, l'âme asservie par les rouages qui grincent et qui laminent, c'est la créature image de Dieu courbée sous le fouet de la matière, amoindrie, déchue. Vienne la peste morale : la moisson sera pour elle splendide! Eh quoi, mon ami, nous sommes matérialisés à ce point, que le langage élevé même adopte cette expression : *la machine de la société, du gouvernement*! — L'un de nos grands orateurs chrétiens le disait éloquemment en 1856 : « Je ne crains pas de le décla-

» rer tout haut, cela ne pas durer ; non, cela
» ne peut pas durer, même cinquante ans !
» Vous auriez beau armer le corps social d'une
» armure inouïe, vous pourriez ajourner la
» ruine, vous n'empêcheriez pas l'inévitable
» fin. L'industrialisme continuant de marcher
» comme il fait depuis soixante ans, sans une
» âme qui le relève vers les cieux, oh! croyez-
» le bien, c'est pour vous le désastre, et il se
» fait tous les jours. C'est une grande et belle
» machine, qui doit tôt ou tard saisir par sa
» robe de soie cette société splendide, pour en
» broyer sous ses rouages les membres dé-
» licats ! »

» Quant à nous, père *Bon-Sens*, tenons ferme. Les âmes sont malades : essayons de les guérir par des paroles de compassion et de lumière. Les incapables ont pris le haut du pavé ; ils n'en ont pas pour longtemps ; regardons-les sans nous troubler. Une sorte de pompe aspirante essaie de faire monter aux astres tout l'ancien égoût : l'égoût retombera, la pesanteur le veut. La vérité est insultée : elle a la vie plus dure qu'eux, et il seront depuis longtemps sous une motte de terre qu'elle rayonnera encore aux yeux de ceux qui occuperont nos places en ce monde, quand nous l'aurons quitté. Le bon sens est en danger de mort : assurons-lui dans nos consciences un trône d'ou nul ne le précipitera. La peste passera, le bien retrouvera son jour : c'est affaire de quelques mois peut-être ! Un homme de grande sagesse l'a dit, M. de Tocqueville : « Plus l'homme s'accorde de liberté sur la terre, plus il doit s'enchaîner du côté du ciel. S'il n'a pas la foi, il faut qu'il serve ; s'il est libre, il faut qu'il croie. » Tant que la contagion régnante nous détachera du ciel, nous irons de servitude en servitude, et ce qui vous indigne n'est que l'esclavage de l'erreur s'efforçant à pousser racine dans l'âme de nos fiers démagogues. Le chrétien regarde avec pitié, mais le mal ne l'entame pas : il espère et il vit, parce qu'il voit. »

IV

Comme quoi il se faut grandement défier de la réaction.

De tous les périls contre lesquels un certain nombre de journaux couleur ponceau, et d'empanachés docteurs, sont avides de nous prémunir, le plus infatigablement signalé, c'est mes camarades et compères, *la réaction !* Et ils ne sont point manchots, cent tonneaux de bois! en propageant autour d'eux cette appréhension et cette terreur : car le jour où triompherait le prétendu monstre serait la fin du règne de ces gens estimables. — Mettons-nous sur notre bien-dire.

Au nombre de nos administrés et compatriotes se trouve Jean-Thuriaf Choufleuri, charretier de son état, spirituel tout juste; rien n'excède. Un beau soir, après une pluie battante de dix heures et plus, Choufleuri venait de Saint-Etienne-de-Montluc chez nous, menant sa voiture pesamment chargée. L'étourdi s'engage, la nuit déjà close, en un chemin boueux, défoncé, impraticable. Ses pauvres chevaux en avaient jusqu'au ventre, la charrette jusqu'à l'essieu; chaque pas en avant enfonçait d'un tantinet l'équipage. Vous ou moi, en telle aventure, eussions reculé, n'est-il pas vrai? afin de rattraper un chemin peut-être plus long, mais meilleur. Le charretier s'entêta : il y perdit ses deux bêtes, brisa ses brancards, et du coup ses moyens de travail. Le bon sens lui devait dicter ce qu'il avait à faire : tout uniment *réaction*, c'est-à-dire *recul*.

Deux convois, sur un chemin de fer, vont se rencontrer et se heurter; la vie de trois cents voyageurs tient à la présence d'esprit du mécanicien : non-seulement il faut empêcher l'un des convois d'avancer, mais plus on le ramènera en arrière et plus certainement sera évité le mortel péril. Et pourtant ce mouvement de recul qui sauve, c'est *réaction!*

Je vois un juge assis sur son tribunal. On lui amène un assassin, Traupmann si vous voulez. Le cas est clair, le monstre a tué : pour les existences qu'il a ravies on lui demande la sienne; car, si de tels forfaits restent impunis, la société ne sera plus qu'une forêt de Bondy, où le fort opprimera, volera, égorgera le faible. Et cependant, mes compères, est-ce qu'en exécutant ce criminel vous rendez à la vie ses victimes? Non, palsambleu! mais il faut que la loi *réagisse* contre des faits pareils, sous peine d'anéantissement de la société. La justice, c'est donc *réaction!*

Votre enfant, Guillaume, Etienne ou Simplice, exhibe de notoires dispositions à s'installer au mieux dans la paresse, la gourmandise, la boisson, le mensonge ou l'ignorance. Ce sont défauts nés pour ainsi dire avec lui, et qui ne demandent qu'à se dilater en plantureux bourgeons, au soleil du laisser-faire. Mais quoi! je surprends la colère dans vos yeux, j'ai vu votre main s'armer d'une verge, j'entends les menaces de correction, et même les coups qui suivent. C'est *réaction* : oui, vous *réagissez* contre une nature mauvaise. L'éducation donc, *réaction!*

Le bonhomme Dur-à-Cuire (Théophile) fut

mordu d'une vipère, l'été passé, vous savez. Vous savez aussi comment en tel accident le venin circule vite et fait son œuvre. A peine appelé, le médecin parle de *réactif* puissant. Tout ainsi fait-il quand vous avez la fièvre, la colique, un transport au cerveau. La médecine, *réaction !*

Passons, s'il vous plaît, sur le terrain des âmes. Vous allez vous agenouiller auprès du curé de votre paroisse, comme fait tout homme non dépourvu de sentiments, qui compte pour quelque chose les devoirs envers Dieu ; et là vous vous accusez des fautes échappées à votre fragilité, à votre malice parfois ; vous faites cela pour obtenir pardon du passé et vous mettre en puissance de rendre l'avenir moins défectueux : mes camarades, c'est *réaction* contre vous-même !

Item, une imagination coupable vous assaille ; si vous cédez, un crime sera commis, quel qu'il soit. Vous repoussez l'instigation perfide, vous *réagissez* contre elle : *réaction* toujours. — En sorte, ma fi, que la vie de l'honnête homme n'est que réaction à l'encontre des passions insurgées.

Je dirai mieux, puisque me voilà en veine : la vie, c'est la réaction contre la mort !

Ces constatations faites, il en sort une règle d'appréciation que nous appliquerons, au moyen du bon sens notre cher conseiller, à la politique et à ses gestes. Suivez-moi bien.

Quand un Etat (c'est miracle, et je le forge) chemine d'un pas régulier, sage, sans déviation, sur la route de la morale, de la verte santé et d'un progrès légitime autant que nécessaire, parler de réaction, l'y vouloir entraîner, oh ! ce serait, mes amis, folie et forfait, ce serait contredire à sa vitalité, lui imposer un germe de stagnation, de mort. Qu'il marche, qu'il suive, qu'il avance, à la bonne heure; la réaction à la porte! — Mais si, de toute évidence, le char de l'Etat s'embourbe, si, au nom de l'Etat, des crimes publics se commettent, si les vices des citoyens font dévier l'Etat, s'il y a fièvre, morsure envenimée, débilitation croissante dans l'Etat, n'hésitons pas plus que le juge, pas plus que le médecin, pas plus que le mécanicien : vîte des réactifs, vîte le frein, ou nous sommes perdus! Il ne s'agit pas de s'endormir, de se payer de mots, de se griser de phrases, de *pent-être*, de *sans doute*, de *vraisemblablement* ou d'*à-peu-près*. Les jours comptent ici pour des mois, et les années sont des siècles. Ne nous entêtons point à pousser de l'avant. Les *Choufleuri* de la politique vous disent *si!* le bonhomme Jacques vous dit *non*, et très-fort!

Est-ce le cas pour nous, compères? Dame, profondément atteint dans son sens me paraîtrait celui qui mettrait l'affirmative en doute· Est-ce que, depuis quelques mois, il y a sécurité pour quelqu'un? Où est-ce ce que nous marchons, au travers de ces ruines qui partout s'amoncèlent? Que sont devenues les lois, mes amis? la magistrature elle-même a été mise par terre de par les fiévreux du jour. Où est la confiance dans l'avenir? Qui osera se lancer en la moindre entreprise sérieuse? Où en est le commerce, où les affaires? où apercevez-vous le bon ordre, la valable assiette des choses? Quels sont les hommes qui présentement lèvent haut la tête, et nous parlent comme à des vaincus? N'est-ce pas eux qui commencent à insulter les campagnes, nous déclarent inhabiles à voir, incapables de faire, indignes de l'honneur du citoyen? Jouvenceaux imberbes, pratiques bruyantes des cabarets, plaideurs de causes perdues ou absentes, ou bien vieux historiens de révolution, étudiants en droit habiles seulement à bouleverser tous les droits : c'est à qui nous épouvantera le mieux dans cet assaut au pouvoir, dans ce débordement d'insatiables convoitises. Nos députés, les élus du vrai peuple, du peuple qui fournit ses enfants à l'armée, son blé au pays, l'exemple de sa paix aux turbulentes cités, ils viennent les outrager jusque dans le sanctuaire des délibérations nationales, et ils s'imaginent qu'ils les renverseront comme ceux qui ont précédé, et ils leur jettent au visage l'épithète de « députés ruraux » ! Nos finances, qu'en ont-ils fait ? la liberté des personnes, comment la respectent-ils ? la dignité de la France, quel compte en tiennent-ils, quand nous avous vu nos fils, à l'armée, manquer de pain, de chaussures, d'habits et d'abris, tandis qu'un ramassis bigarré d'étrangers garibaldiens éblouissaient le regard par le luxe de leurs uniformes, payaient leurs dettes avec notre argent, et s'enivraient à notre santé ?

Quant à moi, je vous le dis, mes bons camarades, et si je mens je veux devenir fait comme un Auvergnat, il nous faut une *réaction*, ou le pays mourra de fièvre, d'inanition, de dilapidations, de servitude, de ruine générale ! Réaction républicaine ou monarchique, ce n'est pas l'heure de discuter la forme ; mais il nous en faut une ! Il faut que l'ordre réagisse contre le désordre, et que, dans cette muraille de boue, de niaiseries et de déshonneur, le bon sens fasse enfin sa trouée !

Nous combattions naguère contre l'invasion allemande, et, par la gerni ! nul n'y épargna sa peau : les sillons béants des cimetières le diront longtemps, ô mes concitoyens ! Mais là encore, ne vous y méprenez pas, c'était pure *réaction* contre l'étranger. Et, quand un homme s'est présenté pour nous aider à sortir du gouffre, quand M. Thiers nous a tendu la main, il se faisait, lui aussi, réactionnaire à l'endroit de son passé de 1830 et de ses lauriers d'écrivain. Que si les fauteurs de notre abjection sociale hurlent et se plaignent, n'oubliez pas qu'ils ne sont, eux aussi, que des réactionnaires : car leur mouvement consiste à réagir toujours contre le sens commun, contre la morale, contre la liberté vraie, contre la civilisation française, contre la volonté de leur pays. C'est de ce côté, vertuchoux ! qu'il y a à se défier grandement de ladite *réaction !*

V

Comme quoi la Révolution nous a faits grands et mis en veine de prospérité.

C'est ici, mes camarades et amis, que nous allons avoir besoin de tout notre bon sens, et qu'il convient de laisser à la porte un certain nombre de préjugés, surtout de mots creux, dont on prend soin de nous farcir le comprenoir dès l'enfance, et qui ensuite obscurcissent notablement la judiciaire.

Qu'un docteur de la ville, boutonné dans son *paletot* (c'est comme cela, je crois, qu'ils appellent leurs nouvelles blouses), vienne vous prêcher en ce style :— « Père Saladier, si vous entendez réussir dans vos plantations, mon bonhomme, ayez soin de couper les arbres ras de terre tous les cinq ou six ans régulièrement, et ainsi toujours, à extinction : c'est méthode à nous, qui réussit pour sûr ;— Père Douillêt, en solide maçon que vous êtes, dès qu'un mur a été poussé assez pour appeler la toiture, n'oubliez pas de retirer les pierres principales de la base, afin que tout croule consciencieusement ; aidez-moi ça de l'épaule, au besoin ; vous recommencerez après, vous démolirez encore ; ainsi toujours, à extinction : c'est méthode à nous, gens d'esprit, pour bâtir les belles et agréables maisons ; elle réussit pour sûr ; — M. Haut-le-Cœur, en faisant l'école aux enfants du village, comme vous êtes habile homme vous allez me comprendre : appliquez-vous à changer les signes de l'alphabet chaque quinzaine à peu près, en telle façon qu'à chaque fois vos disciples n'y connaissent plus rien : c'est méthode à nous, ingénieusement conçue, qui formera, au bas mot, une génération éminemment instruite » : — à ce maître Carnaval, accouchant de si merveilleux préceptes pour le progrès de l'humanité, m'est avis, corne de bœuf ! que vous répondriez par un splendide coup de soulier à l'endroit où les reins perdent leur nom. Et sagement feriez-vous, au lieu de de raisonner avec le butor.

Eh ! par la ventrebille ! la Révolution n'est autre chose que cet odieux Carnaval, mes dignes compères. Voici quatre-vingts ans sonnés qu'elle répète solennellement, par ses journaux, ses commis-voyageurs, sa tribune, ses polissons de tout poil et de toute mâchoire : « Coupez, abattez, changez ! » Si bien que, dans ce court laps de temps, le troupeau d'imbéciles qui l'écoutent nous ont coupé quatre fois cet arbre magnifique dont la tête ombrageait l'Europe, dont les fruits étaient les délices du monde, et qu'on appelle la France. Quatorze fois ils ont démoli l'édifice national, au risque de nous laisser à l'air, comme nous y voilà ; quatorze fois ils ont changé la constitution, c'est-à-dire l'alphabet de nos lois, de nos devoirs sociaux. Encore s'occupent-ils pour le quart-d'heure, vu le dénûment présent, à nous en fabriquer une quinzième, aussi remarquable, il faut espérer, que ses quatorze aînées. Les plus gens de savoir que je connaisse d'ici au bout d'un bâton !

Cela n'est qu'à moitié étonnant, au surplus. S'il vous chaut, mes compères, de ne vous point tromper de bouteille dans une pharmacie, vous regarderez l'étiquette ; l'étiquette nomme les drogues et dévoile la fiole. Semblablement, voyons toujours ici l'étiquette. Je me suis fait expliquer le mot *révolution* : il veut dire *renversement*... Oh ! que voilà une désignation plantureusement choisie pour l'objet ! Renverser, renverser, renverser : trinité et unité de l'opération révolutionnaire !

J'ai vu cela, moi qui suis vieux. Nous avions, sous l'honnête et bon roi Louis XVI, bien des misères créees par la perversité humaine, qui est de tout temps et de tout lieu, ou léguées par les siècles passés ; et malgré cela notre France faisait splendide figure ; elle vivait d'une vie ferme, régulière, pleine de sève, depuis quatorze cents ans, parce que le droit était au sommet, le respect à la base, les lumières et les principes au cœur. Le Roi veut néanmoins corriger les abus, améliorer le bon, écarter le faux et le mauvais, équilibrer les dépenses avec les recettes, prendre enfin l'avis de son peuple. Une assemblée légitime, savante, honnête, est par lui convoquée. C'était, mes amis, en 1789 : j'avais cinq ans alors, et je me souviens encore de la chaleur de l'affection filiale de tous pour le monarque et de l'étendue de nos espérances. C'était fête, c'était liesse en tout le royaume. L'Assemblée entreprend son œuvre, pose les principes d'une rénovation pleine, radicale, mais pacifique, et par-là viable et féconde. Les écarts ont été étudiés et blâmés, ils vont disparaître; ce qui est utile, moral, juste, va se développer et s'affermir; de nouvelles lois satisferont des besoins nouveaux, en même temps que l'arriéré dans les finances sera soldé. — Tout-à-coup, des profondeurs de la société sort l'école révolutionnaire, décidée à renverser, renverser, renverser. On méprise d'abord le fantôme, qui semblait inconsistant; mais voici qu'il tend ses filets sur l'écume humaine, et il en extrait des recrues en nombre, gens qui n'ont plus rien à perdre, et qui peuvent gagner richesse et pouvoir. L'armée du désordre se discipline, s'organise, monte à l'assaut de la France. Epouvantés de cette invasion de barbares, les honnêtes gens se troublent. Peu de temps s'est passé : regardez, mes amis : ces atroces bandits ont assassiné Louis XVI, égorgé la Reine, fait mourir à petit feu, dans un infect cachot, sous les soufflets d'un savetier, leur fils Louis XVII, un ange qui n'avait pas dix ans! ils détruisent la loi, l'Etat, l'ordre, tout ce qui existe; ils font banqueroute au nom de la France, confisquent de toutes parts, gaspillent, se gorgent, et, quand on commence à murmurer, répondent par l'établissement de l'échafaud, guillotinent, fusillent, noient, brûlent, saccagent, se baignent dans le sang et se gaudissent dans les ruines. Et cela dure près de deux ans! Nous étions descendus si bas, malgré nos victoires aux frontières, que, suivant l'expression d'un homme célèbre, un esclave eût été contraint de se baisser pour nous voir. — C'est de l'histoire que je vous rappelle là, mes compères. J'ai vu ces choses, et vous les lirez, quand il vous plaira, dans les papiers du temps. J'ai assisté à ces boucheries, à ces infâmes débauches de crimes, à cette négation audacieuse de Dieu : car les bourreauv fermaient et abattaient nos églises, et massacraient nos prêtres, dont la seule vue condamnait leurs abominations. Ils ne se vantent pas, aujourd'hui, de ce beau passé, et trop de gens parmi nous l'ignorent.

Cette secte maudite ne se contentait pas du forfait pour l'amour de l'art; elle l'érigeait en principe, presque en religion. Quand la France, décimée, haletante, désorganisée, ruinée, en eut assez, un soldat vint, révolutionnaire lui-même dans son origine et dans ses principes, saisit le monstre par les cornes et le dompta. C'était Napoléon. Un peu d'ordre reparut à l'intérieur ; mais la Révolution n'était qu'étourdie. Napoléon la traîne sur les champs de bataille, et le carnage recommence à l'étranger. De la gloire, dit-on ; mais que de sang, et quel résultat final ! Deux fois l'Europe nous envahit à son tour, et s'apprête à nous rayer de la liste des peuples. Nous sommes à 1814 et 1815. — En dépit des vainqueurs, et non par eux comme la Révolution le dit encore (elle sait bien qu'elle ment!), l'héritier de nos Rois est acclamé de la nation. Il rentre paisiblement, s'assied sur le trône de ses pères, nous délivre de l'ennemi, appelle à lui les gens habiles; guérison et résurrection paraissent.

Grâce à cette restauration, à cette réintégration de la justice, la France reprend à 1789 le cours de ses destinées. La liberté politique s'établit, la paix développe nos ressources, les plaies anciennes sont bandées; la propriété s'affermit, la morale s'affirme; les dettes sont payées, les finances propèrent, le commerce reçoit une impulsion immense, et décerne à ces années-là le nom d'*années d'or*. En même temps, nous portons secours à la Grèce opprimée par les Turcs, et nous conquérons en Afrique un vaste royaume, l'Algérie. La Révolution gémit de tant de prospérités : il lui faut absolument détruire, c'est son tempérament à elle. — Mes amis, je ne vous fais pas là des phrases, je n'invente rien, j'expose l'histoire d'hier dans sa vérité. — La Révolution donc se redresse sous la main indulgente qui avait pardonné : journaux, pamphlets, caricatures, traits habilement semés (la *dîme*, le *régime féodal*, les *émigrés*, les *jésuites*, la *congrégation*, que sais-je?), empêchent l'esprit public de se reposer sous la protection de ses belles et libérales institutions. Les complots, à peine déjoués, se renouent ; les conspirations se rattachent comme les anneaux d'un serpent : on assassine le futur héritier de la couronne, le duc de Berry, le plus loyal et le plus humain des princes ; on engage dans la ligue un prince même du sang, et en 1830 tout croule sous de nouvelles conspirations. La Révolution venait encore de *renverser* ; elle rentrait dans sa sphère, et continuait son œuvre de démolition systématique.

Elle fait roi un des siens ; Louis-Philippe accepte sa délégation. Un semblant d'organisation et d'ordre s'obtient, malgré le vice du point de départ, malgré une usurpation trop évidente. Alors, mes amis, cette simple apparence de raffermissement aiguillonne les convoitises inasouvies de la Révolution : les conspirations recommencent, treize ou quatorze fois on essaie d'assassiner le chef de l'Etat; en 1848 on le culbute, et nous voilà encore aux mains de notre persécuteur. Ce qu'il sut amasser de désastres à ce moment, vous vous en souvenez.

A conspirateurs conspirateur et demi. Napoléon, fils de la Révolution comme Louis-Philippe, recommence pour sa part le labeur de restaurer crédit, ordre, confiance. Il ne pouvait lui être donné d'y réussir, parce que, issu de la Révolution, il allait forcément à elle tout en la combattant : le 4 Septembre 1870, elle le précipite, sans mandat, sans droit, sans s'occuper des trente-sept millions d'habitants qui peuplent la France, et qui la laissent agir.

Et présentement, mes amis, c'est elle qui nous tient enlacés. Ce qu'elle entend faire de nous, vous l'apprenez suffisamment de ceux qui se constituent ses témoins et ses oracles. Encore un an de son régime propre, et moi, Jacques *Bon-Sens*, je vous dis que nous sommes perdus à toujours. Elle est *renversement* et *destruction* : elle renversera, elle détruira tout, si nous ne veillons. Or, je tiens qu'il en faut finir une bonne fois, qu'un palliatif quelconque ne suffit point. C'est à la racine qu'il faut porter le remède. Le duel est engagé : l'une des deux, France ou Révolution, doit disparaître. Prononcez : voulez-vous que ce soit la France ?

On nous a dit, on nous répète à satiété, à nous surtout gens de travail, que la Révolution fut notre bienfaitrice, que sans elle nous serions dans le servage, la sauvagerie peut-être ; qu'elle nous a donné la liberté, les routes, la fortune, la vie politique ; que son code est un chef-d'œuvre envié des autres peuples. Passe pour le Code, malgré ses énormes bévues morales et les ferments de décomposition qu'il a introduits dans la famille, et sans préjudice de ce que nos anciens jurisconsultes l'eussent fait meilleur en telle occurrence; pour le reste mes compères, je le nie, je le nie! Liberté, égalité devant les tribunaux et dans les charges publiques, développement industriel et commercial favorisé, nous eussions joui de tout cela dès 1789, sans passer par une rivière de sang et par les bas-fonds de la banqueroute, si la Révolution nous eût respectés. Pensez-vous que le crime soit jamais utile à quelque chose, et que Dieu ait donné comme condition du bien l'usurpation perpétuelle, la violence, le mensonge, les excès? Non, non, cela n'est pas! Le crime est stérile de sa nature. Un assassin n'est point fait pour ressusciter ses victimes : il tue, voilà tout.

Etudiez la Révolution, principalement dans son esprit, si vous uoulez avoir la clef de ses actes, et mieux vous faire idée des extrémités où forcément elle marche. A le bien saisir, cet esprit, c'est une intime alliance avec toutes les passions du cœur humain, sans presque d'exception. Le vrai révolutionnaire (remarquez que je ne dis pas le républicain convaincu), le révolutionnaire avoué de sa secte, se repaît à haute dose d'orgueil, de jalousie, de convoitise, de dureté, de personnalité : tels sont les ressorts de ses prétendues vertus civiques. La *liberté*, il la veut pour lui, et il opprime ; l'*égalité*, à toute heure il l'a sur les lèvres, et il ne cherche qu'à dominer ; les honneurs, il en affecte le mépris, tant qu'il n'y a pas grimpé ; la *fraternité*, il l'allègue, mais nul n'est plus hautain, plus désagréable, plus insoutenable dans les rapports ; la *patrie*, elle est pour lui dans le triomphe de son ambition, pour la satisfaction de laquelle de grand cœur il mettra le feu aux quatre coins de l'Etat et aux quinze coins de Paris ; la vérité, la franchise, il ne les aime pas. Si vous en avez rencontré quelqu'un, et la race n'en est point rare aujourd'hui, vous reconnaîtrez que je ne charge aucunement le portrait. Les enfants de l'Evangile se reconnaissent à leur bon sens, à leur charité, à leur bienveillance et bienfaisance : les enfants de la Révolution à leurs impertinences, à leur tapage, à leur grossièreté, à leur superbe, à leur ambition insatiable. Telle mère, tels fils.

Comment en serait-il autrement, camarades, lorsque la Révolution pose en principe, non plus l'indifférence en religion, mais haine et destruction de ce qui nous rattache à Dieu? La vue de l'église et du prêtre est son remords : elle abat l'église, pourchasse et tue le prêtre, en Italie, en France, en Espagne, partout. Elle aboutit, de nos jours, à la négation forcenée de Dieu même; ceux qui portent devant nous la parole pour elle, crûment se disent athées. N'est-ce pas disputer aux animaux la vie abjecte qu'ils mènent, et qui du moins n'a pas été choisie par ces pauvres êtres? Trouvez-vous là-dedans un élément de politique acceptable? Que bâtirez-vous sur ce fondement? — Et chaque jour ils nous répètent, vrais casse-cous qu'ils sont : « Je suis le fils de la Révolution, de la grrrande Révolution, de l'incorruptible Révolution! Oyez tous, petits et grands : nous avons la panacée universelle! » Parbleu, elle est propre, votre panacée, et vous aussi!

Mon ami de Paris, qui rédige ces lignes pendant que je parle, me présente un tableau écrit par un savant qui s'appelle Mercier de Lacombe; il pense que le tableau ferait bien ici, et donnerait ma pensée en autre langage que celui du bonhomme Jacques, rond comme sa personne et ses déduits. — « Cet esprit ré-
» volutionnaire, incrédule et fanatique, igno-
» rant et présomptueux, toujours haletant
» après des chimères et mettant le monde à
» feu et à sang pour les saisir; s'indignant de
» tous les obstacles qui humilient son orgueil,
» de la lenteur du temps, des limites des Etats,
» des habitudes des peuples, des lois de la
» conscience; jurant haine et destruction à la
» plus vaste contradiction qu'il rencontre de-

» vant lui, l'Eglise ; voulant l'arracher de la
» terre, prenant les bonnes œuvres qu'elle
» inspire pour l'intolérance envere les convoi-
» tises qu'il déchaîne; accablant de ses coups
» le prêtre, la fille de la Charité, les institu-
» tions religieuses, tout ce qu'il ne sait ni
» imiter ni remplacer; se faisant une épou-
» vantable puissance de tous les vices de
» l'homme, et n'arrivant toujours, de corrup-
» tion en corruption, de hontes en hontes, de
» ruines en ruines, qu'à placer dans la société
» et dans les âmes déshonorées le joug, là où
» le christianisme avait placé le droit » : je dis moi Jacques, avec mes deux liards de sens commun, qu'un tel esprit fait horreur à tout homme digne de ce nom, qu'il est essentiellement stérile, et que ceux qui en sont possédés sont des âmes malades, des âmes galeuses.

« La Révolution a fait à la France une mauvaise conscience », a-t-on dit. Nous nous débattons sous les étreintes poignantes de cette conscience chargée, qui obscurcit, trouble, affaiblit. Ma conclusion, mes amis, est de nous délivrer de ce poids en reniant sans retour la Révolution. Ses actes passés, ses exploits présents, son alliance avec les souillures du cœur humain, ses mensonges, l'impossibilité radicale où elle est de faire le bien, d'exciter à une seule vertu, tandis qu'elle fomente tous les vices : est-ce assez pour nous la faire abhorrer ? Nous cherchons l'ordre : ce n'est pas la mère du désordre qui nous le donnera !

VI

Comme quoi la guerre avec la Prusse ne pouvait que se mal terminer.

On chantait victoire en partant pour la frontière. Mes amis, le père Jacques la désirait plus qu'il n'y comptait, et, toujours à cheval sur son bon sens, il disait à part lui :

Nos soldats ne valent-ils pas ceux de la Prusse ? Oui ; même ils sont plus courageux, plus ardents, mieux soutenus par la gloire passée... ; mais la Révolution, qui s'infiltre partout, avait fait irruption dans leurs rangs ; ils ne connaissaient plus guère la discipline. Une armée sans discipline, eût-elle un million d'hommes, n'est point une armée. La Révolution, là encore, nous a tués. L'un des siens ne déclarait-il pas naguère, dans un club de Paris, qu'il fallait anéantir toute discipline militaire? Et mes préoccupations se sont malheureusement justifiées : nous avons péri faute de discipline, de soumission aux chefs, d'obéissance militaire. L'ennemi l'a proclamé dans ses bulletins.

Je n'ai point à faire ici, mes compères, étalage de sentiments religieux ; c'est le domaine de la conscience, cela, et ce domaine est un sanctuaire où chacun se renferme, sans accorder à personne le droit d'inspection. Je ne vous dissimule pas, néanmoins, que le bonhomme Jacques est chrétien, chrétien par conviction, catholique pratiquant, tout uniment parce qu'en fin de compte cela lui paraît affaire d'élémentaire bon sens. Cette fréquentation de la doctrine et des pratiques chrétiennes lui a appris qu'il n'est pas sage de mettre le Bon-Dieu contre soi ; le laisser de côté est déjà assez imprudent. Que la Révolution, les révolutionnaires, les jacobins, les gredins de toute peau, le veuillent ou s'y refusent, qu'ils l'acceptent ou se campent en travers, morbleu! cela n'ôte point au Créateur le droit, le pouvoir et l'envie de s'occuper de son œuvre. Or, c'est assez de se mêler quelque temps à nos régiments pour s'assurer qu'ils semblent appeler sur eux à plaisir la colère divine. Blasphèmes, jurements; et puis, pour changer, jurements, imprécations et blasphèmes, l'oreille n'entend guère autre discours, — mêmement dans la bouche des officiers, de qui on attendrait meilleure éducation et l'exemple qui s'ensuit. Qu'ils jurent par la sambreguoi, par la vertudienne, la gerni, le coq-à-l'âne, la ventriloquie, le cor-de-geline; par ventre-de-moi, mille pipes de faïence, mardi-gras, naz-de-cabre, tout ainsi que pratique le bonhomme *Deux-Liards* : est-ce que la collection n'est pas assez riche, assez variée, sapreblune ! n'y en a-t-il pas là, ventre-de-biche ! plus qu'il n'en faut pour la consommation quotidienue du camp ? Mais, par la malepeste ! n'outrageons pas la majesté de Celui qui nous fait assez de bien pour avoir droit au respect qu'il commande ! et quand c'est tout une armée sur route pour la victoire qui jette au Ciel ce défi, je dis, corne-de-bœuf ! qu'elle pourra bien empocher plus de coups que d'étendards prussiens. Plaisantons avec nos égaux, point n'y trouve à blâmer ; mais avec le Bon-Dieu, mes compères, le jeu est brûlant : gare !

J'ai nommé les officiers. Les Charette, les Sonniz, les Trochu, les Cathelineau, d'autres encore, font exception. Il en est trop pour qui les devoirs religieux n'existent pas plus que la constitution octroyée à ses sujets par l'empereur du Monomotapa ; même il s'en voit qui s'accordent cette folie de penser qu'afficher l'impiété est signe de haut savoir. Avec quel dédain ces magnifiques génies vous traitent les questions religieuses, le cigare à la bouche, au sortir du café ou entre deux chopes ! Avec quel soin ils veillent à placer les exercices militaires précisément le dimanche, dans la matinée, afin sans doute que les surbordonnés se trouvent dans l'impossibilité de faire honneur à leur baptême ! Ces choses ne se voient qu'en France ; vous ne les rencontreriez ni dans l'Italie présente, malgré ses excès, ni en Espagne, ni en Allemagne, ni dans l'Angleterre protestante, ni aux Etats-Unis d'Amérique. Partout où le christianisme est connu, on respecte le dimanche : seule, la France offre au monde ce scandale ! et c'est encore à la Révolution qu'en incombe la responsabilite. — Comment, mes amis, Dieu aurait-il béni nos armes ?

Et puis, je pourrai bien vous avouer cela après le reste : ce que la France a soutenu de son sang, de son appui et de ses finances, en Italie, grâce à Napoléon III, je veux dire ces usurpations audacieuses du Piémont, ces détrônements de souverains légitimes, trompés, trahis, vendus ; cette persécution ignoble contre le Souverain-Pontife ; ces indignités, ces immoralités à froid, consommées avec préméditation : ne pensez-vous pas que c'en est plus qu'il ne fallait pour tourner Dieu contre nous? La justice fait les peuples grands et forts, l'iniquité les perd. — Et je songeais bien bas, parmi l'enthousiasme général : Pourvu que cette fatale guerre avec la Prusse ne soit pas le signal du châtiment ! Les nations sont punies comme les individus, et ceux qui nous gouvernent ont fait trop de mal pour que nous soyons à une heure de récompense ! — Et quand je vis qu'au lieu de supplier humblement le Ciel on dressait une statue au cynique Voltaire, en plein Paris, le jour même de la fête de la Sainte Vierge ; quand je vis qu'on partait au chant de cette *Marseillaise*, hymne de nos jours de Terreur les plus saturés de crimes ; quand je vis appeler à notre aide un routier de sinistre figure, le citoyen Garibaldi, qui avait rougi ses mains dans notre sang en 1849, à Rome, et dont le nom seul est symbole de bouleversement, irréligion, conspiration, culte de succès hors morale : oh ! alors, je l'affirme, l'épouvante du père Jacques fut au comble. Les événements, hélas ! l'ont justifiée.

Les choses doivent être jugées des hauteurs. Attribuer celle-ci à telle combinaison, à telle complication de circonstances, à la fatalité, c'est manquer de sens. Les complications et les combinaisons ne sont qu'une occasion, un accessoire : quelque chose de supérieur domine.

Quoi ! la noble France avalée par la Prusse, qui se roulait à ses genoux il y a cinquante ans, demandant humblement pitié, vous n'y découvriiez qu'un accident de guerre ! Je vous dis que la main de Dieu est palpable ; je vous dis qu'il y a punition ! L'Empire, produit révolutionnaire, nous avait dressés à ne plus faire que médiocre cas du côté moral des choses ; l'utilité, le succès, occupaient le haut bout de la table au conseil gouvernemental ; on s'arrangeait de bonne grâce avec les *faits accomplis*, accomplis scélératement ; la mauvaise presse avait toute licence de faire choir les âmes, de corrompre la jeunesse et d'égarer l'âge mûr, à la condition qu'elle respectât les hommes du pouvoir. On poursuivait la société de Saint-Vincent-de-Paul, institution de moralisation et de charité, mais on imprimait une force nouvelle à la franc-maçonnerie, association occulte et dissolvante ; les violences du garibaldisme et de l'emmanuélisme contre le Pape étaient tolérées, favorisées ; la décomposition énervante grandissait. Et lorsque, terrifiés de l'avenir, les sages faisaient entendre des mots prophétiques, on portait la main à son épée et l'on répondait en souriant : « L'ordre matériel, j'en réponds ! » — Encore quelques mois, la mesure est pleine, et Dieu va se montrer. — « Ah ! tu as une brillante, une invincible armée ! tiens ! » et, soulevée de terre on ne sait comment, voici l'armée jetée au-delà du Rhin comme on pousserait du souffle un fêtu de paille ! — « Ah ! tu garantis l'ordre public ! tiens ! » les bas-fonds de la démagogie s'ébranlent, hurlent, appellent la ruine, leur fidèle alliée : le trône est par terre ! — La voix qui parle et la main qui agit, ne les reconnaissez-vous point ? Quel homme agit et parle dans ces proportions !

Vous dites que ce sont les canons de la Prusse qui nous ont écrasés ? Soit. Mais comment les canons de la Prusse écrasèrent-ils la France ? Qui l'eût estimé possible ? Ni vous, ni moi, ni personne ! Derrière ces canons barbares, force est de reconnaître la Providence qui châtie. Vous avez entendu vivre sans Dieu : sauvez-vous sans Dieu. Vous avez insulté Dieu : le voici qui se lève.

L'intervention des puissances, nous y comptions aussi, et nous y avions droit. Elles nous ont abandonnés honteusement. Peut-être seraient-elles accourues, c'est même probable : bonnes gens ! la Révolution les a arrêtées. En voyant le spectre de la démagogie s'asseoir de nouveau au sommet, prendre la société française éperdue et la secouer, quand elles ont vu les chemises rouges de M. Garibaldi et de sa bande, les puissances ont tremblé pour elles-mêmes ; elles ont consenti que le foyer de toutes les agitations révolutionnaires fût saccagé. Le dernier mot de la Révolution, son dernier acte, c'est notre ruine, c'est notre mort.

Les Prussiens, et j'y compte, auront leur tour. Valent-ils mieux que nous ? Je ne le pense pas ; mais Dieu se sert à dessein des mauvais dans ses œuvres d'expiation. C'est Judas qui conduit le Rédempteur au Calvaire. Le Judas passe, la Rédemption demeure.

VII

Comme quoi la République serait le meilleur des gouvernements, si...

Ce que nous avons dit jusqu'à présent, mes amis et compères, n'était qu'en vue d'essayer le terrain par des visées générales, auxquelles nous serons obligés de nous reporter dans la solution qui nous occupe. Après avoir vu, en moins de quatre-vingts ans, quatorze gouvernements différents, nous en sommes pour l'instant dépourvus, en dépit du proverbe qu' « abondance de biens ne nuit pas ». La République actuelle est une halte, un repos à la suite de nos revers, à moins que le pays n'en sanctionne l'établissement définitif. C'est nous-mêmes qui aurons à prononcer. Certes, il importe que nous agissions et votions en pleine possession de la cause. Comme toujours, nous allons sur ce chef congédier les préjugés et la passion, et donner audience au bon sens.

Donc, il s'agit de choisir entre la Royauté et la République. Elles vont comparaître devant nous, l'une après l'autre ; nous tirerons au net leurs titres et leurs avantages propres. — *République* d'abord.

Débarrassons-nous, dès le début, de cette odieuse palinodie qu'on nous débite voilà douze mois avec un grotesque sérieux, et qui trouble plus d'une cervelle. Après nous avoir proclamés peuple souverain, maîtres exclusifs de nos destinées, à plus forte raison de la forme sous laquelle nous entendons les subir, un groupe d'acharnés républicains nous interpellent : « Attention, compères ! vous êtes bien les maîtres, vos décisions font loi, un léger point excepté. Vous n'avez pas pouvoir de détruire la République : elle est de droit divin... » — Nous n'avons pas pouvoir ! Et pourquoi, s'il vous plaît ? Nous ne sommes donc pas les maîtres, ainsi que vous disiez ? Les vrais maîtres, c'est vous ! — *De droit divin !* mais, depuis quatre-vingts ans vous n'avez fait que crier contre ce droit-là, invoqué par les rois ! et vous le revendiquez à votre usage !

Bon pour la comédie, ça, aucunement pour le cas très-grave où nous sommes. Passez votre chemin, braves gens !

Parbleu, mes dignes camarades, voilà qui est fort, et prouve bien que chacun n'a d'yeux que pour sa chacunière. La vérité est en plein diamètre contraire à cela, et pour avancer de telles bourdes je tiens qu'il faut être sot de premier calibre.

Que la vieille royauté, établie depuis quatorze siècles, ayant créé la France pour ainsi dire, étant le gouvernement traditionnel et légitime, dont nul ne révoquait ni ne méconnaissait les titres, ait parlé le *droit divin*, cela n'a rien que de naturel et d'équitable. La royauté ne se donnait point pour instituée de Dieu immédiatement : dans sa pensée, *droit divin* signifiait que résister à cette puissance légitime c'est altérer l'ordre voulu de Dieu, protecteur divin de tout ce qui est juste. Ainsi, m'accuser d'un crime dont je suis innocent, me ravir ma liberté, ma réputation ou mon bien, c'est aller contre la loi de Dieu, expresse sur tous ces points : *Faux témoignage ne diras, — Le bien d'autrui tu ne prendras*, etc. : — d'où il suit que le *droit divin* protége mon bien, ma réputation et ma liberté, aussi bien qu'il couvre l'autorité régulière. A ce point de vue donc, la République peut invoquer le droit divin en Suisse par exemple, où elle est la constitution légale du pays depuis des siècles, et non contestée. Mais chez nous, où elle n'a fait que de courtes apparitions, et encore en détruisant le légitime pouvoir, en violant ce droit divin même, oser le réclamer pour elle, la plaisanterie a peu de sel vraiment! elle rate.

En fin de compte, mes amis, toute chose ici-bas relève du droit de Dieu : notre vie qu'il peut briser quand il lui plaît, nos pensées qu'il peut troubler, l'autorité sociale, puisque en soi, si l'on nie la disposition providentielle et le vouloir de Dieu, nul homme n'a le droit de commander à son frère.

Cette première fantasmagorie détruite, nous distinguerons, camarades, et soigneusement, deux républiques de différence tranchée : l'une théorique, idéale, fictive; l'autre descendue à la réalité.

Dans l'idéal, tétigué! c'est merveille, et l'esprit humain n'a rien conçu de plus parfait : tous les citoyens égaux devant l'Etat, tous appelés à gouverner s'ils en sont capables; le peuple surveillant ses mandataires, les cassant s'ils prévariquent; la loi consentie par ceux qu'elle oblige; une protection efficace couvrant tous les intérêts; nous, humbles paysans, considérés autant que les plus riches; l'économie dans l'administration, la moralité partout, l'instruction à toutes les couches sociales; plus d'injustices, de passe-droits, d'oppression; les tribunaux connaissent de toute accusation, et leurs sentences s'inspirent d'une stricte équité; la liberté et l'air qu'on respire, c'est tout un. — Par la ventriloquie! le programme est sublime; n'en pas convenir serait stupidité. Un pareil gouvernement, mais ce serait ni plus ni moins que le paradis terrestre : qui n'en voudrait pas? quel serait le crétin récalcitrant, l'âne bâté qui brairait? Quant au bonhomme Jacques, il applaudirait de la langue et des deux mains, retrouverait ses quinze ans pour danser la gavotte, et au besoin vendrait ses trois champs pour fêter la patrie. — A cet égard, point de dévergence; à ce prix, sur ce programme, tous nous sommes républicains, républicains ardents, républicains intraitables!.

Reste un point, sans plus : cet idéal, cette théorie superbe, sont-ils réalisables? Je dis non, moi Jacques, et je le prouve! — Ma première raison, c'est que supposer l'intelligence et la vertu dans l'universalité des hommes est chose désavouée par l'expérience. L'instrument, ici, est sans doute excellent, mais il tombe entre des mains incapables de le manier. Nul gouvernement n'exige plus de lumières, de désintéressement, de respect de soi-même et d'autrui, de vertus morales de toutes sortes, que le gouvernement de la vraie république : or, ces vertus, ce désintéressement, ces lumières, ce respect, où les découvrez-vous aujourd'hui, mes amis? Quand vous aurez fait cette trouvaille, avisez-moi. Est-ce parmi les ouvriers des villes, d'où des doctrines insensées ont tiré cette tourbe perpétuellement en ébullition qui est l'effroi du pays? Est-ce dans le haut commerce et l'industrie, où l'amour du lucre éteint si souvent tout sentiment élevé? Dans nos campagnes même, que le cabaret, les petits journaux, l'éloignement des devoirs religieux, tendent tous les jours à avilir davantage? Or, si ces vertus ne sont point notre partage, la forme républicaine sera de toute nécessité la pire. Une ambition sans frein, en vertu de laquelle nul ne sera content s'il n'est préfet, général ou ministre, troublera toutes les conditions sociales. Rien de tranquille, rien d'assuré; l'agitation du haut en bas. Est-ce là ce qui vous séduit?

Mais, en fait de discussion, l'ordre des preuves est nécessaire. C'est pourquoi, la République nous faisant offre de service, nous lui poserons ces questions : — Quel est ton passé? Qu'es-tu présentement? Quels sont tes répondants et tes alliés?

VIII

Les titres de la République dans le passé.

Le domaine de l'idéal ne peut donc, mes amis, en ce qui concerne la France, nous faire illusion. La République a vécu parmi nous; elle n'est plus seulement système et doctrine, elle est un fait inscrit dans l'histoire. C'est ce fait qu'il convient de considérer à fond. Je vais m'efforcer de vous en rappeler les phases principales, avec calme, avec exactitude. Souvenez-vous que le père Jacques *a vu*, et que les choses ne sont point si anciennes.

Nous eûmes *république* en 1793 et années suivantes, en 1848, en 1870. Procédons selon ces dates.

1. — Nous voici donc en 1792. La Révolution s'est trouvée en face d'une royauté de quatorze siècles, d'un peuple qui aimait cette royauté, qui avait en elle confiance; d'institutions éprouvées par le temps, et que l'on venait de ramener à mieux encore par un en-

semble de réformes sévèrement étudiées. En Europe, la France occupe le premier rang, on n'oserait tirer un coup de canon sans sa permission. Nous vivons dans *les principes*, et avec eux, quelles que soient les imperfections de détail, inhérentes à tout ce qui est humain, le progrès s'appuie sur une base ferme, et s'épanouira régulièrement et sûrement.

Ce n'est pas le compte de la Révolution, dont les instincts, le besoin dominant, vont à la destruction, au renversement quand même. Le mois de Septembre 1792 arrive : elle a jeté dans les prisons des milliers d'innocents, d'accusés tout au plus ; elle emploiera les journées du 2 et du 3 à les faire massacrer par ses hordes, sans information juridique et sans jugement. Le Roi, la famille royale, sont détenus sous les verrous, malgré la disposition expresse de la loi édictée par la Révolution elle-même. On impose le bonnet rouge, et ce signe de ralliement des factieux tient lieu de moralité, de patriotisme, de courage, de tout. Les maisons religieuses, existant en vertu de ce droit d'association que la Révolution revendique à tout propos, sont supprimées, celles même qui se vouent exclusivement au service des hôpitaux ; elles voient leurs biens confisqués (au nom de la *propriété*, il faut croire.) Cela fait, la Révolution nous dote de la *République*, cette forme de gouvernement si parfaite en elle-même, et dont elle saura faire la plus effroyable machine de tyrannie qui se vit jamais au monde, depuis que le monde existe.

Robespierre, l'un des chefs les plus monstrueux de ce régime, déclare (je me souviens de l'avoir lu alors) que « le gouvernement de la République est le despotisme de la liberté ». Voilà avec quelle désinvolture, mes compères, ils associaient ces deux mots, *liberté, despotisme*. Nos églises, jusqu'au fond des villages, sont ou fermées ou démolies ; les cloches, les croix, les vases sacrés, sont mutilés, brisés, volés ; la religion est supprimée, et, pendant qu'on me crie que je suis libre, on m'interdit d'honorer Dieu à ma manière... Se faire marier par un prêtre, faire baptiser ses enfants, leur faire faire la première-communion, autant de délits qui conduisent à l'échafaud. Les pauvres morts sont jetés en terre sans bénédiction, sans prières, comme les animaux de nos fermes. Quel temps, mes compères ! ceux qui l'ont vu, le peu qu'il en reste, n'en sauraient parler sans frémir. — Le loyal et si bon Louis XVI est amené devant une féroce assemblée de députés appelée la Convention : on lui intente un procès dérisoire, puis on l'égorge : au nom de la République, vous entendez ! La Reine, une femme ! qui n'avait fait que du bien à tous ; la sœur du Roi, ange de piété, de bonté, de pureté ; des maréchaux, des ministres, des savants montent tour-à-tour les degrés de l'échafaud républicain. Il n'y fallait pas grand'chose : un mot, un signe, une dénonciation occulte, le silence même, vous étiez mort ! Le fils du Roi, enfant de dix ans, est enfermé dans un cachot, où il succombe aux privations et aux mauvais traitements. — On a toujours vu ceci : quand un roi tombe victime d'une révolte, aussitôt à la place qu'il occupait il se forme un abîme sans fond où tout ce qui l'environne se précipite. La Convention républicaine, en 1793, édicte décrets sur décrets de proscriptions et de massacres. La lie de la France était montée à la surface, sous prétexte de république ; il semblait qu'on ne sût plus distinguer le bien du mal. Dans un siècle, on ne voudra pas croire que des hommes aient été capables de tant d'infamies, de meurtres, d'horreurs en tout genre. Des révolutionnaires fanatiques, touchés des *bons services* de la guillotine, lui faisaient présent de sommes d'argent pour son entretien. On portait alternativement à la boutonnière de sa carmagnole, en guise de fleur, une petite guillotine en or, ou un petit morceau de cœur de guillotiné. C'est ainsi que la République entendait alors *la fraternité.*

Elle n'eut garde de ne pas s'en prendre au calendrier même : la France tout-à-coup se trouva à l'*an* 1er; les saints furent remplacés, sur l'almanach, par la carotte, le panais, le chou. Malheur à qui s'imagine être libre de ne point travailler le dimanche ! au nom de la liberté on emprisonne, et la prison, quinze fois sur vingt, c'est l'échafaud.

La République avait décrété ceci textuellement : « L'insurrection est pour le peuple « le plus sacré des droits et le plus indispen- « sable des devoirs... » C'est bon! mais essayez un peu, pour voir. La grande ville de Lyon, fatiguée, indignée de ces atrocités, prend les armes et veut défendre les honnêtes gens de tous les partis : la République l'assiége, la prend, la livre aux plus abominables exécutions. Les Prussiens de 1870 ont été des agneaux à côté des prétendus régénérateurs de cette époque. On arrête que cette seconde capitale de la France sera rasée. Les citoyens sont saisis au hasard ; on tire le canon sur des files de malheureux, on les mitraille, et des soldats placés à droite et à gauche sont chargés d'achever ceux que le canon ou la mitraille n'ont que blessés. Les eaux du Rhône furent tellement rougies par le sang des victimes, que les blanchisseuses se virent obligées de réclamer... La République, disaient les républicains d'alors, doit se défendre ! Ah ! malheureux, si la Royauté, lorsque vous l'attaquiez, avait employé de telles armes, quelles eussent été vos clameurs de légitime indignation! Et pourtant, ce que vous faites contre elle, ne le pouvait-elle contre vous?

Notre Bretagne, notre Vendée aussi, prirent les armes contre cet épouvantable régime. Puisque l'insurrection est « le plus sacré des droits », qu'avait à nous reprocher la République? ne faisions-nous pas ce qu'elle demandait? O mes amis, comment vous redire les infernales vengeances qu'elle exerça contre nous? J'ai vu, à Saint-Florent, sur le seuil d'une ferme, un pauvre mendiant du nom de Fouchard, tombé aux mains des soldats de la République, que nous appelions *les Bleus* : ils lui coupent les doigts des pieds et des mains l'un après l'autre, et l'achèvent d'un coup de feu dans la poitrine, parce qu'il refuse de trahir celui qui vient de lui donner un morceau de pain! Pas un de nos villages qui n'ait à citer des traits du même genre, par centaines. — La Convention envoie à Nantes le républicain Carrier, un de ses membres en relief. Carrier débute par faire transporter, sans jugement, 88 prisonniers, ayant tous plus de soixante ans, sur un navire en station sur la Loire : on les attache par les pieds quatre à quatre; des soupapes préparées à dessein sont tout-à-coup ouvertes, et les voilà engloutis. J'ai vu, moi qui vous parle, les cadavres à dix lieues de la ville, charriés par le courant. Or, ce fut ensuite aux jeunes gens à périr de ce même supplice : 9.000, mes amis, 9.000! Carrier invente, parmi ces exécutions, des jours de réjouissance où quiconque a l'air triste est condamné à mort, comme ennemi de République et de la liberté... — Après la bataille de Savenay, où les nôtres furent écrasés par le nombre, le carnage ordonné par le général républicain Westermann devint une démence de férocité. Voici la lettre qu'il adressait à ses chefs de Paris ; commandez à votre horreur si vous pouvez : — « Suivant les ordres que vous » m'aviez donnés, j'ai écrasé les enfants sous » les pieds des chevaux, massacré les femmes, » qui, au moins pour celles-là, n'enfanteront » plus de *brigands* (Ils nous appelaient des » *brigands*, nous!). Je n'ai pas un prisonnier » à me reprocher : j'ai tout exterminé. Les » routes sont semées de cadavres ; il y en a » tant, que sur plusieurs endroits ils font » pyramides. On fusille sans cesse à Savenay... » Nous ne faisons pas de prisonniers : il fau- » drait leur donner le pain de la liberté, et la » pitié n'est pas révolutionnaire... » Vous l'entendez : « la pitié n'est pas révolutionnaire »! Ces atroces missives soulevaient des applaudissements dans le gouvernement républicain, ceux qui les écrivaient étaient sur la route de tous les avancements. — Douze *colonnes infernales* parcourent nos contrées pour y anéantir population, maisons, moissons, tout, en faire un désert. Le général Amey allume les fours, et, lorsqu'ils sont chauffés à point, il y jette les femmes et les enfants, au milieu des risées de ses soldats, assurant que c'est ainsi que la République entend cuire son pain ! Vingt-trois femmes subirent ce supplice, sans compter les petits enfants. Le massacre des femmes, et surtout des enfants, est un trait caractéristique de cette république humanitariste.

Le même régime, ou à peu près, est organisé à Arras, à Lyon, dans le Midi. Grâce à une épouvantable activité, on était venu, dans une seule ville, à décapiter de soixante à quatre-vingts victimes par jour. Et, pour aller plus vite encore, on songea à des massacres en masse, en supprimant l'inutile formalité et la dérision d'un jugement ; ces massacres, on les accomplit. A Toulon, ils allèrent presque à exterminer la population. Robespierre avait dit : « Ceux qui ont vu la Royauté doivent mourir, car ils la regretteront toujours... » Voilà les bienfaits que nous ménageait ce Huron. Lorsqu'il tomba lui-même sous la hache, tout était disposé dans la capitale pour conduire à la mort 150 personnes par jour ; on se proposait de faire construire une guillotine qui abattrait trente têtes à la fois; déjà était creusé le canal destiné à recevoir le sang des victimes et à le conduire à la Seine. — A mesure qu'on a besoin d'argent, on guillotine : c'est ce que les républicains appellent, dans leur cynique patois, *battre monnaie*. — Une petite ville de province voit tous ses habitants passés au fil de l'épée, ses maisons rasées. — La terreur est érigée en système, le meurtre en vertu, la dénonciation et la trahison en patriotisme. On noyait, on guillottinait, on égorgeait, on assassinait partout. Chacun s'enfermait chez soi, sans être sûr de voir le lendemain. Ces équarrisseurs de chair humaine se faisaient des vêtements avec la peau de leurs victimes; deux généraux Beysser et Moulin jeune, portaient des pantalons de peau humaine! La peau humaine servit à relier des livres! En un mot, l'Enfer régnait sur la France, et on avait collé là-dessus, avec du sang, l'inscription dérisoire : *République Française... Liberté, Fraternité.*

Au reste, ces tigres démuselés s'envoyaient mutuellement à l'échafaud, incapables de respecter, même entre eux, cette *fraternité* qui remplissait leurs discours. Seize présidents de la Convention furent guillotinés, trois se donnèrent la mort, huit furent déportés par leurs collègues, six emprisonnés à perpétuité ; quatre devinrent fous, s'ils ne l'étaient déjà ; je dis fous furieux.

On vous a conté, camarades, que ces assassinats ne tombaient que sur les grands, les nobles, les riches. L'excuse serait aussi immorale que le crime lui-même : car ni la richesse ni la noblesse ne sont interdites par les lois. Mais cette excuse est, par surcroît, une audacieuse fausseté. J'ai ici, en souvenir de ces temps abominables, où je vis immoler une partie de mes parents, la liste exacte des victimes qui furent égorgées, *à Paris seulement*, dans l'espace de l'année 1793. Vous y trouverez : — 3.193 paysans ; — 2.212 ouvriers, maçons, charpentiers, charrons, tailleurs, forgerons ; — 1.273 petits bourgeois ; — 715 soldats ; — 708 filles, servantes, couturières ; — 539 fabricants et marchands ; — 244 domestiques ; — 156 aubergistes, et jusqu'à 2 chiffonniers ! Sur trois victimes envoyées à l'échafaud, il y avait donc deux ouvriers. — Remarquez que je dis « à Paris seulement, et seulement *pendant un an* ». Lyon eut 31.000 victimes ! — Les comités révolutionnaires, au nombre de 50.000, dépensaient de notre argent, pour cette sanguinaire besogne, la somme annuelle de 591 *millions* ! — A Nantes, sous le républicain Carrier, nous trouvons 1.500 enfants noyés par cet enragé brigand ; 500 enfants, dont le plus âgé avait quatorze ans, fusillés ; 500 femmes jetées à la Loire, avec 5.300 artisans ! En Vendée, on passa à la pointe de la baïonnette *vingt-deux mille enfants!* Dans toute la Vendée (comptez sur vos doigts), 900.000 victimes!!

Quant aux finances, impôts écrasants, biens du clergé et de la noblesse saisis, dissipés, c'est-à-dire des milliards, et à la fin la banqueroute et ses suites.

Tel est, mes camarades et compères, et fort au racourci, allez! le bilan de cette première République. Elle fut quelque peu moins altérée de sang les années qui suivirent 93; mais, en revanche, quelle corruption des mœurs, quels excès de débauches! Si bien que, Napoléon se présentant avec une monarchie dans sa poche, la France, ruinée, saignante, déshonorée, se jeta dans ses bras.

On a parlé encore, afin de pallier ces forfaits sans nom, des victoires remportées aux frontières par la République. Voyons, à qui veut-on donner ce panégyrique à garder! Des victoires! est-ce qu'elles justifient un seul de vos assassinats! Des victoires! est-ce que la France n'en a pas rempli ses annales au temps de la Royauté! Des victoires de la République il ne nous est pas resté un pied carré de territoire : celles de la monarchie ont fait la France.

Et maintenant, mes dignes amis, que dit le bon sens, notre cher sens commun, au tableau qui précède? Est-ce là une recommandation pour la République? — Vos cheveux se dressent à la tête, n'est-ce pas, à cette question? — Mais la République nous est arrivée derechef en 1848, moins mauvaise. Abordons-la dans sa peau neuve.

2. — Je ne rappellerai pas qu'elle s'établit par un mouvement révolutionnaire et par une surprise. Elle détrônait un élu des barricades, qui, lui aussi, avait été le produit de l'émeute. La justice de Dieu passait sur Louis-Philippe : c'est bien. Volontiers nous conviendrons, vous et moi, que cette seconde république eut des allures assez régulières, grâce aux personnages qui en prirent la direction. Toutefois je vous prie de considérer que, si les journées de Juin, qui firent couler à Paris tant de sang, avaient donné la victoire au parti, nous retombions dans les saturnales de 93. Souvenez-vous des sauvageries exercées dans le Nivernais, le Var, l'Hérault, et des menaces que l'arrière-ban de la République faisait entendre pour 1852, lorsque Napoléon III apporta ses menottes. Quelle confiance y avait-il alors? quel crédit? quel commerce? On sentait que la France n'était point assise, mais à la poursuite de destinées inconnues, alarmantes. Pauvre peuple, nous oublions trop vite!

3. — 1870 a sonné. Napoléon part contre la Prusse ; on le bat, on le prend. Quelques meneurs assiégent la Chambre, la forcent, la chassent, déchirent la Constitution que sept millions de voix venaient de consacrer à nouveau. Il ne s'agit point pour moi de soutenir la cause des Bonaparte : je dis que les hommes du 4 septembre, apôtres du suffrage universel, n'avaient nul droit de jeter par terre le gouvernement légal ; je dis que le suffrage universel ne les avait point délégué pour cet exploit ; je dis qu'avant de l'accomplir ils étaient tenus de nous consulter ; je dis que la Constitution n'avait point assuré la couronne aux Bonaparte avec le sous-entendu : *tant qu'ils seront exempts de revers* ; mais à titre absolu ; je dis que, ce trône renversé par une première illégalité, c'en était une seconde de proclamer la République sans l'aveu de la France, et de la lui expédier par le télégraphe : je dis que tout cela est révolutionnaire, insolent pour le pays, absurde, contraire à la logique, aux bonnes mœurs, au bon sens. Je dis qu'une demi-douzaine d'avocats, connus seulement, la veille, pour une opposition de commande, une opposition sans dignité puisqu'ils avaient librement prêté serment à celui qu'ils venaient de détrôner, n'avaient titre pour se partager les ministères, l'administration, le budget. Où en sommes-nous, grand Dieu !

si notre malheureux pays est à la merci du premier coup de main ? Est-ce là ce que nous devons entendre par ce *droit républicain* destiné à nous sauver, à nous faire grands parmi les nations ? Ce serait reculer aux forêts : nous ne le voudrons pas ! Or, après ces coups de main, de quel front osent-ils reprocher à Bonaparte son coup d'État ?

Mais, vous savez, à voir opérer avec cette réussite, on prend envie d'entrer en scène à son tour. D'autres bandes aussi ambitieuses, les Flourens et compagnie, que le flot du 4 Septembre a laissés sur les marches, se décident à tenter aussi l'ascension du pouvoir : le 31 Octobre, pendant que l'ennemi nous assiége, ces notables et dévoués patriotes se ruent sur l'Hôtel-de-Ville, s'emparent du Gouvernement et s'installent à sa place, bottes sur table. Et pourquoi pas ? Affaire de succès ! s'ils réussissent, la bande s'inclinera ; ce sont consciences de facile composition, et qui triomphe a toujours raison auprès d'elles. — Qu'est-ce donc qu'une société réduite à vivre de ces hasards ?

La République, chez nous, la république révolutionnaire, peut se définir « une série de couches partant des guinguettes et s'élevant symétriquement jusqu'à l'avocat ». A l'heure décisive, l'avocat paraît, on l'acclame, c'est la forte tête du lieu : voilà le gouvernement. Son premier discours d'investiture ne varie guère : « Vous autres, vous allez vous tenir tranquilles, à présent ! L'affaire est faite, la France rutile de félicité : c'est pourquoi, mes compères, assis s'il vous plaît, et qu'on n'entende plus brailler ! » On s'assied, on regarde, on s'ébahit. L'habitude, ce tyran indomptable, revient cependant avec l'appétit surexcité. — « Dites donc, compères, s'écrie l'arrière-garde, c'est fatigant de rester comme ça sans bouger ! Ventrebleu, supposez-vous que notre tour est confisqué ? A bas les aristocrates ! Vive la République, mille tonnerres ! » Remarquez : ils ne sont déjà plus en république, ces excellents patriotes ; ce n'est pas celle-là qu'ils voulaient, mais la leur, timbrée d'autre façon. Et la seconde couche donne, culbute les avocats, publie proclamations et décrets : c'est encore le peuple (ce pauvre peuple !) qui l'a chargée du bonheur public : elle s'y dévouera, elle s'y dévouera, allez ! — Or, il reste une troisième, une quatrième, une cinquième couches : à mesure que les poches de l'une commencent à se ventrifier, l'autre pousse, grimpe, pérore, jette les prédécesseurs par les fenêtres, et s'installe. Le tout jusqu'à ce qu'on se trouve en face de la pure écume du ruisseau, laquelle n'entend point qu'il y ait république, république bonne, république populaire et acceptable, tant que chacun de ces marouflles n'est pas tout au moins préfet ; les sous-préfectures ne sauraient plus contenter que les goujats. Et les goujats, en telle confrérie, jugez à quel dégré de l'échelle cela descend ! — En un mot, la société devient la proie d'une tribu campée parmi nous, la tribu révolutionnaire et anarchiste. O comédie de l'universel suffrage !

S'il venait, par impossible, ce suffrage, à consacrer leur irruption, vous voyez bien que la France les aimait, les estimait, les voulait ! s'il leur envoie, tout au contraire, le bout de sa savate je sais bien où, oh ! dès-lors le suffrage universel est un drôle, un crétin, une brute, un éteignoir, un *rural!* Lisez nos journaux dits républicains, depuis l'élection de la dernière Chambre : ces gentillesses en couvrent les inépuisables alinéas. — Et vous me direz que c'est là de la politique, que le dernier mot du progrès est dans la fortune périodique d'intrigants sans vergogne, se faisant du dos de la multitude un tremplin pour s'élancer aux honneurs et au pouvoir ! Non, mes compères, non ! et encore non !

Donc, en 1870, nous avons la couche avocassière, serrée de près par la couche Flourens, Mottu, Pyat, Hugo, Blanqui, Millière : ah ! la belle collection ! Provisoirement, les puissances de l'Europe, nous voyant si bien nantis de casse-cous et de torches à incendier le monde, renoncent à prier la Prusse de rentrer chez elle, et, par estime pour les Blanqui, les Mottu, les Rochefort, les Hugo, les Pyat, les Mégy, se déterminent à observer passivement comment l'ennemi de l'extérieur dévorera, pendant que la chenille du dedans ronge. Ces républicains-là, mes bons amis, nous ont empêchés d'être secourus ; ils ont à leur compte, morbleu ! notre égorgement par S. M. Guillaume et par le prince *du sang* Bismarck !

Entre-temps, les citoyens Gambetta, Crémieux, Glais-Bizoin, les autres que vous savez (n'y englobons point le vaillant et honnête Trochu), saisissent la France par les cheveux et déclarent qu'ils la vont précipiter dans toutes les splendeurs de la délivrance et de la victoire. Les millions coulent comme le petit-bleu aux gargottes socialistes ; la jeunesse est empoignée, jetée à la gueule du canon prussien ; les dépêches se poussent l'une l'autre, et l'on ne s'y prive pas de signaler partout des traîtres et de les dénoncer ; les avocats dirigent les armées, les ingénieurs font les plans de batailles, les journalistes assiégent les places fortes. La France paie, paie, paie encore ; argent et sang, sang et argent. Est-ce que la République ne décrète pas la victoire ? — Peuh ! au bout de six mois, épuisés, brisés, ruinés, nous cédons nos provinces, la Prusse est dans Paris, elle récolte *cinq milliards*! — Et moi, je vous dis qu'aucune monarchie ne nous eût conduits là!

A l'intérieur du moins, des gens qui ont gagné leur chevrons à clabauder contre la confiscation de la liberté sous l'Empire, contre les abus du pouvoir *personnel*, oh! comme ils vont nous assurer paix, prospérité, coudées franches! Comme la félicité administrative va nous faire oublier les douleurs de l'occupation allemande! Ah bien oui! comptez-y, compères! Encore une fois, tout ce qui naît de la Révolution est désordre par essence, coup de main, négation : tel arbre, tels fruits. — Donc, refus persistant de convoquer une assemblée représentant la France : on est au pouvoir, on en veut jouir! Voilà pour le suffrage populaire, éternellement invoqué par ces comédiens lorsqu'ils harcèlent l'autorité. — Pouvoir *personnel* : je mets au défi qui que ce soit de trouver un sultan, un cheik de Mamelouks, un pacha d'Alger, un czar de Russie, un despote de quelque époque et de quelque pays que vouliez, parlant aussi souvent que le citoyen Gambetta en *je* et en *moi*. Ses proclamations en sont émaillées ; retirez ce pronom, elles n'ont plus de charpente, les autres mots tombent, se pulvérisent; les phrases sont veuves du moindre sens. *Je* déclare...

je décide... *je* vous conserve à votre poste... *Je* vous nomme général, caporal, amiral... *Je* n'entends pas *me* priver de vos services... *je* repousse de l'élection tout Français ayant comme moi prêté serment à l'Empire, et assez immoral pour le garder... Envoyez-*moi*, par tous les moyens, une Chambre républicaine! — Ainsi, l'Assemblée nationale même est sa chose, la chose de M. Gambetta, avocat de trente-trois ans, mais bon républicain, oh! républicain parfait, de première eau... De son côté, maître Crémieux détruit la magistrature; les autres les conseils généraux... Ma foi, mes compères, j'aime mieux Louis XIV : s'il parlait en roi, c'est qu'il l'était, et la France eut quelque honneur à respecter une voix royale et digne d'elle.

Il a des amis, M. Gambetta; il a des amis, M. Crémieux; il a des amis, M. Glais-Bizoin : et vite à la curée, mes braves! Puisque nous voilà sur le haut du pavé, étendons-nous. Avocats et journalistes, journalistes et avocats, tout cela grouille, se dilate, allonge les mains : vous en avez un dans chaque préfecture, deux parfois; un dans tout arrondissement; même il en est un qui vague en Afrique à la poursuite d'un insaisissable chef-lieu auquel il est nommé, et qui n'existe que dans le cerveau insuffisamment géographique du citoyen Gambetta. Mais, en retour, quels exploits! que de liberté, quelle sécurité, quelle gloire ! — Oyez : Esquiros, jadis notoire pour tel ouvrage impie, couronné de huit mois de prison, Esquiros trône à Marseille : comme l'Empereur, il a sa garde à lui, sa *garde civique*, et Dieu sait le trésor d'estimables citoyens ! On arrête, on emprisonne, on pille à Marseille. Juges sur leur tribunal, commandants de vaisseau à leur bord, ambassadeurs revenant de leur mission, voyageurs inoffensifs, religieux dans leur couvent, évêques, écoles de petites filles, la garde civique du libéral Esquiros, s'en prend à chacun, coffre, dépouille, terrorise. La gare même du chemin de fer est aux mains de ces patriotes : nul ne part, ne passe, ne regarde, sans leur aveu. Vive la République ! — Duportal a quitté l'antre fumeux où il élabora ses chefs-d'œuvre de journaliste. Toulouse a l'heur de le posséder, et dans ce pachalik ne peut plus dormir un honnête homme. Vive la République ! — Lyon est aux mains du Challemel-Lacour, flanqué d'une armée de chenapans pour qui le drapeau rouge est adopté comme symbole de suaves intentions et de philanthropiques réformes. Là aussi, c'est aux honnêtes gens jour de trembler, aux autres de cheminer les narines gonflées, en préparant tout doucement un tribunal coupe-têtes, à l'instar de 93. Vive la République ! — A Perpignan, on menace, on tire, on tue : la liberté l'exige. Vive toujours la République !—Les Mottu de Paris oppriment les familles, chassent de leurs écoles les maîtres chrétiens et défendent à l'enfance de s'informer s'il est un Dieu. Et vive la République ! — Alger ne se tient point pour satisfait : on y rêve d'autres merveilles, auprès desquelles ne fut qu'essai la cour de ce bon roi Pétaud : c'est gâchis achevé, exubérante cuistrerie, impiété fanatique, lourde, large, corsée. Vive donc la République, sandis ! — Dans nos petites villes, dans nos campagnes, pas un demi-homme taré qui ne se donne non-seulement pour républicain, mais pour fils aîné, mandataire et substitut de la République : donc à lui l'écharpe de maire, à lui le haut du pavé, à lui la parole impérieuse, à lui les honneurs du doctorat en tout genre. Le 4 Septembre l'a fait grand ce César, sur toutes les coutures.

Et, pendant ce temps-là, où en sont les affaires ? où la France ? Les affaires, perdues ! la France objet de pitié pour l'Europe, de risée pour... la Prusse !

Est-il besoin d'ajouter un mot sur les épouvantables excès de la Commune à Paris ? Qui les a conseillés ? des républicains ? Qui les a ordonnés ? des républicains ? Qui les a accomplis ? des républicains toujours ! Qui cherche à les justifier ? des journaux républicains ! Dans ces régions qui suent et puent le crime, je suis frappé de ne rencontrer jamais ni un chrétien ni un royaliste. La boue de ces lâches infamies n'attire que les rebuts de l'humanité, et ces rebuts sont infailliblement républicains. Quelle lumière, mes amis, si nous savions comprendre ! « Tous les rouges, a écrit un des leurs qui les connaissait par devant et par derrière, tous les rouges ne sont pas forçats, mais tous les forçats sont rouges. »

Et ainsi ces brigands, échappés du bagne pour la plupart, accourus de toutes les parties du monde où la graine des gueusards prospère, se sont rués sur notre capitale, en face des Prusssiens, à trois pas de leurs lignes ; et là, pendant deux mois, ils nous ont fait voir, au nom de leur république, à quelles profondeurs peut s'enfoncer la scélératesse. Je vous le dis, compères, et vous invite à y penser souvent : la République ne cesse de déblatérer contre les souverains et les rois, à qui elle attribue tous les forfaits : eh bien ! cette même République a su accumuler, pendant ses courtes apparitions, plus d'horreurs, de pillages, d'assassinats, de ruines publiques et privées, que nous n'en trouvons en quatorze siècles de monarchie. Que serait-ce si elle avait vécu cinquante ans seulement ?

Donc, à Paris, en Avril et Mai, au nom de la

Liberté, ils s'emparent des caisses publiques, assiégent la Banque, forcent tout le monde à se battre pour eux, fusillent ceux qui refusent, pillent les églises, emprisonnent évêque, magistrats, prêtres, gendarmes, femmes même et religieuses, suppriment les journaux d'un trait de plume, arrêtent dans la rue le premier-venu, ou même chez lui, par simple caprice, sans ombre de jugement... ; au nom de l'*Egalité*, ils se ruent sur tous les emplois, se chamarrent de galons, règnent en despotes, et ne connaissent d'autre système que la terreur... Au nom de la *Fraternité*, les cachots regorgent de suspects et d'ôtages, ce que Paris a de plus innocent, de plus honorable ; on les outrage, on les prive de nourriture, on leur refuse des juges ; finalement on les égorge, et sur leurs corps mutilés, défigurés à coups de crosses ou de talons de bottes, on chante la *Marseillaise* et l'on hurle : *Vive la République !* Au nom de la *Morale*, on chasse de leurs écoles nos maîtresses chrétiennes, et on les remplace par des femmes perdues qui apprennent aux enfants, à ces douces et naïves créatures, à renier Dieu en le blasphémant... ; on enrégimente un troupeau de jeunes garçons de dix à seize ans, sous le nom de *Pupilles de la Commune*, et on les dresse à tuer nos soldats, à se plonger dans toutes les orgies... On s'empare de vingt et quelques religieux et serviteurs, à Arcueil, et la Commune, entendez bien cela ! la Commune les livre comme un bétail à l'infâme gredin Cerisier pour en faire ce qu'il lui plaira : et il plaît à cette hyène de les égorger !

Camarades, tout cela se passait il y a peu de mois..., en ce siècle si vanté..., dans cette France autrefois humaine et glorieuse... Et gardez-vous de vous y méprendre, si cette Commune-là, produit hautement républicain, avait pu nous surprendre sans troupes, ce régime aurait été imposé à la France entière. Ils s'en vantent encore, ils le disent tout haut et à pleine bouche, et, sans se gêner le moins du monde, ils nous annoncent qu'ils recommenceront pour sûr. Et ce n'est pas douteux, si nous ne veillons. Il n'y a point de république pour eux sans ces patriotiques exploits. Ecoutez là-dessus les chenapans de nos villages même.

En deux mots, ils veulent vous prendre votre tranquillité d'abord, votre tête ensuite, et vos biens par après.

La République, en elle-même, n'est certes pas cela, j'en conviens. Tout de même, elle a été cela chez nous par deux fois, sur trois qu'elle a fait irruption. — Tenez, je lisais dans mon journal, l'autre jour, une page bien vraie d'un certain M. Dumas fils, qui sait l'histoire, lui, et qui manie solidement l'encrier. Ecoutez-moi ça !

« A juger des idées comme on juge des gens, par leur passé, leur famille, par leurs actes, il est impossible d'être moins recommandable, d'être plus mal famé, que la République française. Il n'est pas de mauvais lieu, de marais fétide, de ruisseau de fange et de boue, où elle ne se soit roulée et prostituée au premier venu. Ses pères, ses parrains, ses amants, ses enfants, sont, pour la plupart, des fous, des imbéciles, des grotesques, des voleurs et des assassins… » Ce n'est pas le bonhomme Jacques qui vous dit cela, compères ; vous l'accuseriez d'exagérer : c'est ce M. Dumas, qui pourtant n'est point un royaliste, que je sache ; tant s'en faut. Il continue : — « Cette République, en 93 elle tue ses fils ; en 48, elle tue ses frères ; en 70, elle tue sa mère. Quelle que soit sa date, elle tue, elle tue, elle tue toujours. Elle appelle cela *fonder*. Le génie, la gloire, la vertu, tout y passe… »

Oh ! la sale mégère !

Et puis, quand elle a tué, tué, tué, elle incendie, jette le feu sur nos monuments nationaux, et cherche sa dernière vengeance dans notre ruine !

Et vous pensez que ces gens-là sont créés pour nous régenter ! Et ils osent parler des méfaits des rois ! et, quand ils se réunissent dans leurs clubs pour conspirer, ils voudraient nous faire croire qu'ils préparent l'émancipation et le bonheur du pays ! A d'autres, tas de drôles ! Quand un gouvernement honnête vous égratigne pour se défendre, vous criez à l'assassinat : quand vous assassinez, c'est une égratignure. Hypocrites, menteurs, meurtriers et incendiaires !

Le bonhomme Jacques ne se possède pas d'indignation.

Voilà, parmi nous, mes dignes compères, et tout au vrai, au triste vrai, les trois apparitions du régime républicain, si séduisant de loin. Pensez-vous qu'il ferait mieux à l'avenir? Cela est absolument possible ; mais ne négligeons point d'y voir.

IX

Des garanties de la République dans l'avenir.

Quand un homme est né de mauvais sang, qu'il a consumé, par supplément, dans le désordre les belles années de sa vie, il y a cent à parier contre un qu'il achèvera le tour du cercle. La République actuelle est née de mauvaise mère, la Révolution; les trois premières apparitions faites par ce régime en France n'accusent point une jeunesse rangée, favorable, tant s'en faut : la raison permet-elle donc de lui abandonner décidémeent la barque publique, menée déjà par elle à tous les écueils? — Je commence par avouer de nouveau que la forme républicaine, honnêtement pratiquée, n'a rien qui me répugne; même je l'aimerais, si je m'y pouvais fier|? Pourquoi non? Pour le passé, trop démonstratif, m'est avis; et puis, pour des considérations que, moi bonhomme Jacques, je n'étais point capable de déduire seul, et qu'un ami de bonne tête m'a suggérées. Les traiter à fond, les développer, nous occuperait une année : je me bornerai à vous les marquer sommairement; elles frappent au seul énoncé.

Sans doute, nous avons l'exemple de républiques anciennes de Rome et d'Athènes, et celui des modernes républiques, la Suisse, les Etats-Unis. —Pour les républiques anciennes, outre que toutes sont venues atterrir au port de la monarchie, on vous cache que, dans cette organisation païenne, un bon tiers, pour le moins, de la population était esclave, privé des droits civiques, réduit à l'état de bêtes de somme ; on les vendait au marché, exactement comme nous faisons les chevaux, les ânes, la volaille. Engageant modèle à nous offrir, camarades ! Sachez que le peuple juif lui-même, après six cents ans de république, demanda instamment un roi, et n'écouta rien qu'il ne l'eût ; et c'est à partir de ce moment que nous le voyons grandir, prendre place dans les États respectés, élever ses monuments, créer une capitale. — Quant à la Suisse, pays de montagnes, petit, occupé surtout d'agriculture et de troupeaux, le génie de ses habitants n'a rien de commun avec celui de la France : à preuve les horreurs que je viens de rappeler. Là, c'est sans secousses, sans proscriptions, sans massacres, sans impiété, que la république s'est établie, s'est fortifiée depuis de longs siècles ; elle n'a laissé de remords, de honte, de larmes à personne. — Aux États-Unis, contrée neuve, immense, où la population peut s'étendre presque à l'infini sans gêner qui que ce soit, où surtout il n'y a point de *traditions contraires*, la forme républicaine est à sa place. Elle y prospère d'autant mieux que le peuple est imbu d'un extrême respect de l'autorité. On n'y conçoit pas la révolte contre la loi, tandis que chez nous *république* est devenu synonyme de déchaînement contre toute institution régulière. Tout le monde, aux États-Unis, est républicain : chez nous, c'est une minorité aussi infime par le nombre qu'effrayante par l'audace, ne pouvant supporter règlement, discipline, hiérarchie. Ajoutez que ces pays sont religieux, qu'on y observe le dimanche, qu'on y vénère Dieu : avec cela une république s'affermit... Mais lorsque l'unique divinité, comme hélas ! chez nous, est l'intérêt personnel, la République devient une simple chasse à l'influence et à l'argent. — Et d'ailleurs, puisqu'on allègue ainsi l'Amérique, pourquoi passer sans les mentionner les républiques du Mexique, d'Haïti, du Pérou, du Paraguay, du Chili, de la Plata, fournaises d'incessants bouleversements, de révolutions sans fin, où tout languit et périt par l'instabilité ?

Raisonnons de la France comme France ! c'est d'elle qu'il s'agit. Eh bien, je vous dirai, à la suite d'un républicain de ma connaissance : « Je croirai à la République parmi nous quand j'aurai trouvé deux Français dont l'un consente à être le second ». Nous manquons de fixité dans nos idées, de persévérance dans nos vues, de défiance de nous-même. ceux que leur genre de facultés a créés pour être les pieds ou l'estomac du corps social, parties nobles sans doute, mais moins en vue, ceux-là n'ont de repos que s'ils se font tête. Tout est renversé par ces intempérantes convoitises. Supposons que la Républiqu actuelle soit maintenue : pensez-vous qu'après la couche avocassière, usée avec M. Gambetta, la couche Rochefort et Mottu, Esquiros, Duportal et Blanqui, se tiendra tranquille avant d'avoir conquis son tour et fait sa trouée ? Nous ne dormirons que d'un œil, mes amis ; et on s'en porte mal, vous savez. Et après cette couche, une autre de qualité inférieure, poussant toujours, minant la société pour opérer sa brèche. Même ces écoles de clubs, saturées chaque soir de tant d'inepties et de basses cupidités dans des discours épileptiques, vous menacent nuit et jour de terreur, d'échafaud, de pillage. Un journal de Montpellier le faisait carrément il y a peu de semaines ; on l'a répété chaque jour à Lyon, à Marseille, à Toulouse, à Cette, à Perpignan. Des livres ont paru pour réhabiliter Robespierre ! et des journaux plaident pour la Commune ! Je vous dis qu'ils en sont là ! — En 1848, à la tribune des Députés, un membre demanda catégoriquement aux représentants de la Démagogie de déclarer qu'ils se séparaient des égorgeurs de 93 : un silence significatif fut la réponse.

Un homme qui se connaissait en système politique et en honnêteté, Washington, le fondateur de la République des États-Unis, écrivait à son ambassadeur à Paris ces lignes, à méditer par nous : — « Méfiez-vous du

» *milieu pestiféré* dans lequel vous vivez.
» Le jacobinisme français est le plus grand
» ennemi de la liberté ; c'est l'obstacle le
» plus direct au progrès ; lui seul retardera
» de plusieurs siècles peut-être l'avènement
» européen de la République qui, dans ma
» pensée, est le gouvernement de l'avenir. »
Ce jacobinisme-là n'a pas changé ; nous venons de le retrouver à Belleville, à Marseille, à Lyon, à Toulouse, à Perpignan, à Alger, toujours « milieu pestiféré, le plus grand ennemi de la liberté ». — Chose remarquable ! tant que les factieux ne sont point au pouvoir, c'est vertu civique de conspirer ; y sont-ils parvenus, ils n'ont point de plus sanglante injure pour leurs adversaires que de les mettre au ban de la nation comme « factieux » !

Mais quoi ! il y a dans la nature des images vivantes de la société. La société n'est qu'une grande famille composée de petites familles : dans quelle famille avez-vous vu régner la République, le père élu par ses enfants, recevant d'eux l'autorité ? dans quelle école avez-vous vu le maître choisi, renversé, remplacé, par délibération des élèves ? dans quel navire le capitaine nommé par les matelots, dans quelle armée le général à l'élection, au risque de perdre armée et vaisseau ? Et vous vous imaginez qu'un État n'est pas plus difficile à régir qu'un vaisseau, une armée, une école? que le nombre des bulletins confèrera à un âne les capacités voulues? que MM. Rochefort, Mégy, Garibaldi, Esquiros, deviendront des législateurs estimés parce qu'on aura déposé dans l'urne un certain nombre de *oui*?

L'une de nos aberrations les moins concevables, c'est cette *égalité* prétendue dont les hâbleurs nous assourdissent. Égalité par la vertu, par le cœur, par le droit à la justice, soit; cela n'est pas discutable : mais égalité quand au mérite, quant à l'esprit, quant à la science, c'est tout bonnement insensé. Pour être cordonnier il faut faire des souliers, tailleur couper et coudre les habits, notaire étudier le droit, cultivateur apprendre à tenir la charrue! et, quand il s'agira de la plus difficile des sciences, celle de gouverner les hommes, point ne sera besoin de la moindre étude! tel qui ne sait pas attacher un bouton sera ministre parfait du jour au lendemain, grâce à l'appel de ses concitoyens! Autant dire que, physiquement, tous les Français doivent être de même taille, de même tempérament, de même âge, mêmes cheveux, même figure, même santé, même force musculaire! Niaiserie phénoménale : en république, par cela seul que c'est république, chacun s'estime et s'affirme apte à tout!

En politique, un point capital c'est la suite

et l'enchaînement dans les projets, dans l'administration : d'où naît la sécurité publique, l'honneur et les avantages du pays à l'étranger. La fortune d'une famille ne se fait point par soubresauts et à bâtons rompus, encore moins celle d'un grand État. Or, l'essence de la République c'est une perpétuelle instabilité dans les chefs ; par conséquent, rien de durable, rien de suivi ; par conséquent, rien de grand. Si la France eût été en République dès les premières jours de son histoire, elle se composerait encore d'un ou deux, trois peut-être, de nos départements. La Royauté l'a faite ce qu'elle fut avant nos disgrâces et nos cascades révolutionnaires, et elle l'a faite parce qu'elle était la Royauté, c'est-à-dire stabilité dans les institutions, intelligence dans les vues, persévérance dans la marche. — Voyez quelle consommation d'hommes fait la République : son idole d'hier est vouée aux gémonies en moins de six semaines ; non-seulement elle renverse, mais elle outrage. M. Jules Favre, son Benjamin, n'est déjà plus qu'un « galérien » (textuel), M. Gambetta est condamné à mort par les clubistes de Marseille, M. Fourichon est un lâche et un traître ! le ridicule Rochefort même commence à n'être plus assez pur. Les généraux, les officiers, les soldats, les préfets, les juges, rare collection de *traîtres* ! Six mois suffisent à cette matelotte. Mettez dix années comme cela : que restera-t-il, et que sera la France ?

La France est monarchique par son histoire, par ses monuments, par sa littérature, par son caractère national, par son tempérament, par ses aspirations. A mon âge, mes amis, qu'on se garde de changer de régime si l'on veut prolonger de quelques jours une existence qui s'achève : la France est vieille de quatorze siècles, et vous croyez qu'elle subirait sans mourir une atmosphère nouvelle, toute d'emportements, de soubresauts et de violences ! Non, ce n'est point à cet âge qu'on peut modifier ses conditions de vie : le tenter, c'est vouloir sa mort.

Je dis « emportements, convulsions, violences ». Regardez, écoutez ceux qui se donnent pour les représentants et les conservateurs de l'idée républicaine dans nos rangs. Ces visages ont-ils rien qui parle de calme et d'ordre? respirent-ils autre chose que tumulte? surprenez-vous sur ces lèvres des paroles autres que celles de la colère, du défi, de la menace? Ces gens-là n'aiment rien, pas même leur idole; ils aspirent simplement à s'imposer aux minorités ; car ils sentent bien qu'ils ne sont pas la France, que tout sur notre sol les repousse, et la fureur de cette infériorité en fait des êtres à surexcitation chronique.

Ce n'est pas seulement par la tête que l'homme vaut; la plus notable grandeur de sa nature est dans le cœur, chez le Français principalement : or, mes amis, la République n'offre rien au cœur. Gouvernement anonyme, je ne sais qui accuser de mes maux, qui remercier s'il y a prospérité; mais très-certainement il n'est là personne ni chose que je puisse *aimer*. Oh! si vous aviez connu comme moi cette ancienne France si attachée à ses rois! Le Roi, c'était le père, le protecteur, le recours en tout, la patrie : « Vive le Roi! » quand on avait poussé ce cri national, on se sentait fier, fort, Français. « Si le Roi le savait! » disait l'opprimé, comme le petit enfant persécuté par ses camarades: « Ah! si Maman le savait! » Oui, cette part du cœur, la République nous la refuse. Et ce n'est guère sa faute : sa nature est d'accuser, renverser, innover. Aimer, elle ne le sait pas.

Non pas même aimer Dieu. Aux États-Unis, en Suisse, elle est religieuse : chez nous, elle s'est faite impie. Le sang de nos prêtres qu'elle a versé, nos autels qu'elle profana, ont dévasté sa conscience; elle n'aperçoit point un crucifix sans rugir. Depuis le 4 Septembre, là où elle a pu suivre en liberté ses instincts, à Paris, à Lyon, à Marseille, à Toulouse, à Alger, on l'a vue expulsant Dieu des écoles, proscrivant la prière, envahissant les communautés, faisant enlever des hôpitaux même l'image du Rédempteur. Ce caractère d'athéisme est particulier à nos républicains français. Le crime ancien, le crime de 93, le crime nouveau, le crime de 1871, pèsent sur eux, et ils espèrent secouer ainsi le souvenir horrible. — S'il s'agit de République, ils se déclarent à l'instant maîtres et chefs, on ne peut les éviter ; la République est leur chose, leur bien, leur création, leur propriété : à tel point que, repoussant les dynasties royales, ils ont mutiplié les leurs : nous avons la dynastie Arago, nombreuse et drue; la dynastie Carnot, et plusieurs autres ; il suffit d'être le fils d'un père républicain pour avoir droit à une préfecture, à une ambassade. Et ils crient contre la noblesse héréditaire !

Le caractère d'irréligion que je viens de signaler a frappé les Arabes de notre Algérie. Ils lisent assez nos journaux, du moins leurs chefs : eh bien, qu'on me cite une seule feuille républicaine qui ne soit plus ou moins anti-chrétienne ; la plupart sont effrontément impies. On dirait que ces déshérités de la foi n'osent regarder le ciel en face. Cette remarque est malheureusement trop justifiée. Si dans nos campagnes un mauvais sujet rompt avec l'estime publique, dès-lors il se prétend républicain ; le fils qui désole sa famille, républicain ; l'ivrogne reniant les pratiques pieuses de son enfance, républicain ; le tapageur, le disputeur d'une commune, républicain ! De tel sorte que ce titre chez nous, par une fatalité visible, accompagne le plus souvent la déchéance morale. Ce n'est point le fait du système ni sa conséquence inévitable, je veux le croire, mais un tel résultat parle éloquemment à qui veut prêter l'oreille, à qui aime à voir les âmes dans les hauteurs. — Les Arabes, disais-je, en ont été frappés. L'irréligion est, à leurs yeux, le signe de la dernière des flétrissures ; leur mépris est profond pour ces hommes qui, doués par Dieu d'intelligence et de sensibilité, n'en font usage que pour se ravaler au rang d'animaux à deux pieds, buvant, dormant, mangeant, travaillant ; rien au-delà. Ce n'est point à l'Arabe qu'il faudrait offrir l'idéal monstrueux d'une société sans foi, faite matière, n'ayant autre préoccupation que de digérer, échanger et produire. Ici comme en tant d'autres points, le révolutionnarisme républicain a causé les plus étendus dommages à notre colonie d'Afrique, et par elle à la France. A son impiété nous devons le mépris de l'Arabe ; à sa haine affichée contre les choses de Dieu, l'espérance qu'il a toujours de nous chasser, car il lui est impossible de vivre près de nous dans ces conditions, qu'il croit universelles chez les Français, dont il juge d'après la rare collection de républicains émérites qu'on a expédiés en Algérie pour coloniser. Et tenez : tout récemment, ce peuple arabe, révolté des excès journaliers du pouvoir sorti des bas-fonds après le 4 Septembre 70, et qui fonctionnait là-bas avec une complète désinvolture d'athéisme, de haine à Dieu, a fait une adresse... au Roi de Prusse, dans le moment même où il nous appliquait sur la gorge le talon de sa botte. « Vous du moins, lui disent-ils, vous comptez Dieu pour quelque chose, puisque vous le remerciez à chacune de vos victoires, tandis que ces Français ne savent que l'insulter. » Quelle humiliation pour la France, quel danger pour notre Afrique !

En voulez-vous une preuve aussi claire qu'elle est navrante? Laissez-moi vous lire *une visite dans un atelier* de Paris, par un écrivain connu, M. Saint-Genest. Voilà ce que l'esprit républicain fait de nos ouvriers, que nous envoyons à Paris honnêtes encore et paisibles. Écoutez, mes amis, écoutez !

» Je passais l'autre jour sur le boulevard, quand, dans la foule, je reconnais un ouvrier qui jadis avait été soldat avec moi. Je le hèle. Il vient, la casquette sur l'oreille, tout ému de me revoir, et moi singulièrement heureux aussi. Il me rappelait tant de choses !

» Je l'interroge sur le passé : il me conte son histoire. Arrivé à la Commune, il s'embarrasse : Un soupçon me traverse l'esprit, et je lui dis : Tu en étais, je le sais ! — Eh bien oui, pardieu ! nous en étions tous ! me dit-il avec sa bonne figure. Pourquoi, est-ce qu'on arrête les autres, puisque tout le monde était de la fête ?... Je ne comprends pas ça. — Mais tu n'as pas fait comme les autres ?... — Ah ! je vais vous dire : quand j'ai vu tomber la Colonne, cela m'a fait un drôle d'effet tout de même. Je voulais m'en retourner, mais on m'a expliqué qu'il fallait que ça tombe pour le bonheur du peuple ! — Mais, voyons, tu étais un brave garçon autrefois ; tu n'es pas resté là jusqu'au bout avec ces brigands, c'est impossible ! — On n'est pas un lâche, me dit-il avec orgueil, et on ne laisse pas ses amis dans l'embarras. Si nous n'avions pas été trahis, vous auriez su quelle était notre idée !

» — Et qui vous a trahis? — Ah ! vous le savez bien : ce Cluseret, votre Rossel, Félix Pyat, tout le monde, quoi ! Est-ce que tout le monde ne s'entend pas pour tuer le pauvre peuple ?

» Je l'écoutais; je regardais cet œil clair et limpide, cette bonne figure joyeuse ; je me rappelais le gentil trompette que j'avais connu au régiment si inoffensif et si brave, et je me disais : Ainsi, deux années seulement passées à Paris, et voilà ce qu'on devient !

» — Mais, lui dis-je, que voulais-tu? Tu as un bon métier; n'es-tu donc pas heureux? — Oh! ce n'est pas cela ! Je gagne mes 6 francs par jour et ne manque de rien ; seulement, je vais vous dire : c'est le capital qui nous ronge ! C'est là ce qui dévore le pauvre peuple ! — Et qui est-ce qui t'a dit que le capital te rongeait ?

» — Oh! ce n'est pas difficile à voir. Puis je lis les livres, les journaux, et je ne suis plus si bête qu'au régiment. Je ne peux pas vous expliquer ces choses-là, mais je voudrais seulement que vous entendiez mon ami Riquoire vous expliquer la raison sociale. — Ah !... Et qu'est-ce que c'est que ton ami Riquoire ? — C'est un camarade qui a travaillé chez M. Millière ; et si seulement on faisait huit jours ce qu'il veut, il n'y aurait plus ni pauvres ni riches. — Parce que tout le monde serait pauvre, n'est-ce pas ? — Voyons, me dit-il : venez un peu visiter mon atelier. — Je voulais savoir, je le suivis ! Ce que j'ai vu, ce que j'ai entendu, je ne le répèterai pas : on ne peut pas, hélas ! raconter ces choses-là.

» A mesure que nous passions, on parlait bas, et je voyais qu'on nous regardait avec défiance. C'était de la haine autrefois, aujourd'hui c'est de la rage !

» Nous trouvons Riquoire, qui pérorait au milieu d'un cercle.

» Il nous explique la question sociale. C'est très-simple : cela se résoud au moyen de la solidarité, combinée avec l'individualisme, par l'entrecroisement de tous les intérêts, en refondant le capital pour l'émietter dans le peuple.

» Enfin, c'était effrayant ! Riquoire avait une figure douce ; mais on sentait que, pour obtenir cet entrecroisement-là, il nous couperait le cou à tous, jusqu'au dernier !

» Puis on s'est mis à parler politique. — Nous avons été, hélas ! trahis par Jules Favre, livrés par Trochu, vendus partout ! Vous n'étiez pas à Buzenval, Monsieur? Eh bien, je vais vous dire : On commande « A l'assaut! ». Nous partons, nous culbutons les Prussiens ! La victoire était gagnée, nous allions délivrer Paris, quand le général de Paladines, qui s'était rendu avec Trochu, a reçu l'ordre de Bismarck de passer de l'autre côté d'Orléans !

» Un mouvement d'horreur parcourut la foule... Je me dis : Il faut parler, c'est mon devoir !

» Et j'ai parlé pendant une heure, y mettant toute mon âme, faisant des efforts désespérés pour porter la lumière devant leurs yeux et éclairer ces malheureux insensés.

» Ils avaient cet air hésitant et ennuyés qu'ils

prennent toujours quand on parle un langage qui ne flatte pas leurs passions. — On vous trompe, mes amis, dis-je à la fin. La France n'a pas été vendue ! Il y a eu peut-être des généraux incapables, des ministres imbéciles ; mais chacun a fait ce qu'il a pu, et le meilleur c'est de nous mettre tous à l'œuvre et de ne pas récriminer.

» Déjà j'espérais en avoir ébranlé quelques-uns, quand l'un d'eux me dit tout-à-coup : — Et l'affaire de Guillaume à l'Exposition? — Quelle affaire, mon ami? — Oh ! vous le savez mieux que moi, Monsieur : quand ils se sont entendus pour faire le marché de Sédan !

» Je restai un instant interdit. — Mon Dieu, mon ami, je ne veux pas défendre l'Empereur ; mais enfin quel intérêt pouvait-il avoir, lui qui était riche et puissant sur son trône, à faire un marché pour s'en aller prisonnier en Allemagne? — C'est bien facile à comprendre ! c'était pour faire tuer le pauvre peuple !..

» Tous ces visages, si moroses tout-à-l'heure, s'étaient illuminés subitement comme si on avait fait luire devant leurs yeux les rayons de la Vérité éternelle. Chacun regardait l'orateur en hochant la tête, avec des gestes d'admiration indicibles !

» Voyant que je perdais du terrain, je me mis à discuter fiévreusement, quand un autre me dit : — Et Trauppman, Monsieur ? — Trauppman ? mon avis... — Oh ! cela remonte haut, cela ! dit un autre.

» Là-dessus, un grand silence. — Une famille gênait l'Empire : l'Empire a dit : Que la famille Kinck disparaisse. La famille Kinck a disparu.

» On aurait entendu une mouche voler. Celui qui venait de prononcer ces paroles était un homme à la mine inspirée, avec un éclair dans le regard, et tous les ouvriers rangés autour d'eux semblaient perdus dans les profondeurs que ces mots mystérieux leur faisaient entrevoir. — C'est comme Jude, dit-il..... Un magistrat savait le vrai nom de l'Enfant de France. L'Empire a dit : Que le magistrat disparaisse ; et le magistrat a disparu ! Quant à vous qui en savez si long, Monsieur, dites-nous donc un peu ce que c'était que la petite lumière bleue qu'on voyait chez le général Trochu pendant le siége. — La petite lumière bleue, mon ami ? mais je ne sais, je ne puis rien vous dire...

» Et, devant mon refus d'expliquer ce que c'était que la petite flamme bleue, on s'écartait de moi avec défiance, et j'entendis murmurer des mots de *mouchard*.

» — Eh bien ! je vais vous le dire, reprit l'autre : toutes les fois que l'armée devait faire une sortie, la petite lumière bleue indiquait aux Prussiens de quel côté l'attaque devait commencer...

» Oh! alors, çà été fini. Devant la lampe bleue, Jude, Trauppman, tout le monde s'est écarté de moi avec horreur pour entourer Riquoire.

» J'ai senti que ce que j'avais dit pendant une heure, que ce que je dirais pendant cent ans, ne serait rien pour ce peuple, à côté d'une de ces paroles mystérieuses et profondes qui l'impressionnent tant, quand elles n'ont aucun sens possible. Car le peuple souverain est souverainement imbécile : voilà la verité. C'est une bêtise immense, incommensurable ! Pas de prise possible ; tout glisse sur elle et retombe à terre sans l'atteindre !

» On parle toujours d'instruction : il est bien trop instruit, mon Dieu ! Il lit les journaux, ne croit que les mauvais, traite de vendu quiconque ne flatte pas sa haine et lui parle d'ordre et de religion !

» Personne ne veut avouer cela, et cependant c'est la réalité.

» Aussi suis-je parti à la hâte, entendant ces mots de trahison que l'on murmurait sur mon passage, voyant tous ces regards farouches dirigés sur moi, pendant que Riquoire achevait d'expliquer la question sociale.

» Ah ! si vous saviez comme il nous haïssent ! Quelle haine profonde, implacable, éternelle ! Ils vous mangeront !

» L'expérience ne sert à rien. Les journées de juin ne nous ont rien appris en 1848 ; les journées de mai seront oubliées dans quelques jours. Il y a là cent mille bêtes féroces qui attendent le moment de se précipiter sur vous!

» Vous vous en prenez à la corruption de l'Empire, vous parlez d'instruction obligatoire, de réforme dans l'industrie! Il s'agit bien de cela! Ce peuple vous hait d'une haine éternelle, et, quoi que vous fassiez pour lui, il vous haïra toujours! Il vous hait parce que l'envie ronge son cœur comme un serpent maudit!...

» Créez une industrie ; soyez paternels pour les ouvriers, élevez leurs enfants, donnez-leur des écoles, des hôpitaux, des églises : et ils vous haïront davantage, parce que *votre capital les aura dévorés.*

» Mais tout le monde est fou! On dispute, on crie, on fait de la politique, au lieu de voir la situation dans sa terrible réalité.

» En fait de réforme, commencez par avoir la force : maintenez l'état de siége, ayez des gendarmes, des sergents de ville, une armée disciplinée... Occupez-vous de cela d'abord ; autrement, au beau moment de vos magnifiques discours, vous serez mangés... »

Et voilà où nous en sommes, mes amis, sous l'influence des appétits révolutionnaires surexcités par le régime républicain. Celui qui vous le dit est un homme de Paris, qui voit les choses de ses yeux. Oui, c'est épouvantable !

Quant à nous, hommes du petit peuple, hommes du travail, nous avons de la République peu de chose à espérer. L'incertitude des situations, l'agitation des villes, le changement perpétuel, l'avènement aux affaires de l'Etat d'un tas de gars ignorants et présomptueux, détruiront la confiance : et, sans confiance, point de grandes entreprises, point de travaux pouvant durer ; les capitaux sont timides et se cachent; nous ne trouvons plus d'argent que rarement et en petite quantité. Ayez mémoire de 1848. — Pour ma part, je me sens plus à l'aise avec un seul maître que lorsque j'en ai cinq cents. Ceux-ci, nés ordinairement d'une émeute, sont désarmés contre toute émeute nouvelle qui les pousse; et nous ne voulons plus d'émeute !

Bref, et pour conclure, mes dignes camarades, le bonhomme Jacques dira à la République. — « Ma commère, ton passé ne te recommande point, ton présent est ruineux : je place ailleurs mes sympathies. Tu parlais d'égalité, de liberté, de fraternité : ce que nous avons reçu de toi en est l'opposé direct. Tes alliances, l'armée de chenapans qui te servent d'avant-garde, m'épouvantent. Nous n'avons pas la même âme : tu repousses Dieu et renies ton baptême, j'honore et j'aime l'un et l'autre. Que si on me demande mon vote, il portera : « République ma mie, passe ton chemin ! et point de dégâts, s'il te plaît ! »

Vieux pays monarchique, revenons donc à la Royauté : c'est œuvre de reconnaissance pour ses bienfaits passés, de prudence et de bon sens pour la sécurité de l'avenir. Je dis de *bon sens* : car, si la République a fait ses preuves, la Royauté aussi a fait les siennes. Osez comparer.

Mais, cette royauté, sera-ce le Bonapartisme, l'Orléanisme, la Légitimité ? Examinons, compères, examinons.

X

Comme quoi le Bonapartisme n'est point ce qu'il nous faut.

Chaque espèce d'arbre a besoin d'un terrain propice si l'on veut qu'elle prospère. Les orangers et les palmiers que j'ai vus en Afrique, l'admirable présent pour nos campagnes bretonnes ! essayez de les naturaliser sur ce sol humide, gras et froid, vous y perdrez vos peines, mes amis. La République aussi, vertudienne! est un idéal superbe ; mais la France ne lui convient point, ou elle ne convient point à la France. Il en faut prendre son parti; la dure expérience est faite, et le bon sens a parlé. Peuple généreux, enthousiaste, mais léger, inconstant et inconsistant, il nous faut des institutions stables, propres à nous contenir du côté de nos défauts, à faciliter, d'autre part, l'épanouissement de nos qualités dans toute leur puissance. Le Bonapartisme est-il ce qui convient pour cela ? Je ne le pense pas..

Non que je vienne ici m'associer aux ignominieux outrages dont une tourbe sans tenue et sans principes a poursuivi Napoléon III, après son malheur ou sa faute, comme on voudra. Les caricatures immondes, où l'on se jouait de son enfant innocent, d'une mère qui n'a fait que du bien en passant au pouvoir, seraient pour la nation un sujet de rougir si les misérables cherchant dans ce fumier un plat digne de leur estomac n'étaient chez nous écume, race de rebut, capable de traîner demain dans les mêmes égouts son propre père si elle y devait gagner une pièce de cinq francs. Le gouvernement de la Défense nationale se fût honoré, toutefois, en enferman à Charenton ces manipulateurs d'ordure. Hélas! il a préféré s'associer à eux. Saluez ici, une fois de plus, l'abaissement naturel, à pente comme invincible, de la tribu révolutionnaire en France : il semble qu'au souffle de ces poitrines s'étiole toute fleur de délicatesse et de bien-vivre. Quoi! dans la patrie des nobles Francs, des chevaliers qui donnèrent à l'Europe le ton de l'honneur, il s'est trouvé un gouvernement assez avili pour forcer le secrétaire d'un prince captif de la Prusse, d'un prince qui n'est point mis en jugement et qui ne peut l'être, pour forcer, dis-je, ce secrétaire, en déflorer les papiers de famille, les lettres de femme à mari, les intimités du foyer, chose trois fois sacrée, et jeter tout cela aux quatre vents du ciel, pour s'en faire un trophée, un titre, et conquérir une popularité de guinguette et de mauvais lieu! Ce n'est pas tout : les mœurs révolutionnaires nous ont, paraîtrait-il, tellement cuirassés contre l'infamie, que pas un journal, pas un! n'a protesté contre cette profanation du sanctuaire domestique! D'honnêtes feuilles même se sont prêtées à cette publicité de Mandrins! Il en est une qui n'hésita pas à incriminer le Préfet de Police républicain pour n'avoir point gardé 75.000 fr. trouvés sur la table de l'Impératrice! Moi, bonhomme Jacques, je vous dis que c'est pour nous une tache, et que le dernier des pandours venus d'outre-Rhin en appétit de saccager la France en aurait à peine eu la pensée. Les républiques de 92, de 48 et de 70, ont seuls offert au monde ce scandale : qu'il leur soit léger ! « C'est le régal de la bassesse de mépriser ce qu'elle a respecté par méprise. »

Je ne m'associe pas davantage aux clabauderies furibondes de la démagogie. Ce qu'elle poursuit dans Napoléon, ce n'est ni l'homme ni sa politique odieuse, c'est l'*autorité*; l'autorité, sous toute forme, lui est à dégoût. Il n'est que trop d'esprits pour qui cette remarque était nécessaire. J'accentue mes réserves, et j'avance qu'à nul parti moins qu'aux républicains il n'appartenait de s'élever contre l'Empire. Ce parti, il ne se fatigue pas de nous renvoyer à la souveraineté populaire, à la volonté nationale ; c'est son argument unique, son unique raison d'être, son unique certificat de vie. Or, si Napoléon eut tort de violer son serment et d'opérer le coup d'État, il fit la nation juge entre lui et la République, et la nation répondit par le plus imposant témoignagne contre celle-ci qui se lise dans l'histoire. L'Empire était évidemment, alors, voulu par l'immense majorité des électeurs, le choix de la souveraineté populaire, choix confirmé d'une manière non moins éclatante par des votes subséquents, par le dernier plébiscite entre autres. Dès-lors, qu'avait à faire la faction républicaine ? S'incliner devant cette souveraineté qu'elle invoque. Tout autre rôle lui était interdit par le bon sens, par le respect de la parole et de soi.

Les Orléanistes alors n'eurent rien à dire non plus, puisqu'ils vivent d'une origine semblable. Seuls, les Légitimistes étaient en droit de réagir. Pour eux, l'autorité n'est point le produit d'une aventure politique, d'un hasard de scrutin ou d'habileté, d'une élection ; elle se transmet régulièrement, tantqu'héritier subsiste, et, s'il disparaît, alors seulement la nation transplante le droit, sans le créer. Les Légitimistes étaient tout entiers dans la force d'un principe vital et fondamental, la loi constitutive, la loi séculaire du pays : à eux de protester, à eux seuls ! Les républicains le faisant, ils mentaient à eux-mêmes, à la logique, à leur doctrine. — Et, s'ils se rejettent à dire que Napoléon avait fait un coup d'État, est-ce que la République est jamais venue chez nous autrement que par des surprises et des coups d'État? que signifie chez elle ce scrupule de légalité ?

C'est de plus haut, mes compères, que le bonhomme Jacques prend les choses quand il soutient que les Bonaparte ne sauraient être le salut de la France. Ils l'ont montré par la triple invasion dont ils furent la cause. La racine de leur pouvoir plonge dans la Révolution; il remonte ainsi à l'échafaud de Louis XVI, qu'ils le veuillent ou non. Napoléon Ier ne se faisait guère faute de le faire entendre, du reste : car, les premières années, à l'anniversaire de ce meurtre sacrilége, il donnait aux Tuileries un dîner de fête. Bientôt après, il répandit le sang d'un autre Bourbon, le sang du duc d'Enghien... Cependant, lorsque la France les acclama, lui et son neveu, elle était fatiguée de la Révolution, elle espérait qu'ils la tueraient. Absurdité! comment un fils peut-il tuer celle qui est sa mère? On demandait à ces hommes un parricide : ils ne l'ont point commis, ils ne le pouvaient pas commettre. Au lieu de cela, ils se sont arrangés avec la Révolution, ont cherché à la discipliner, à la diviser, à l'assouplir à leur usage : naturellement, ils devaient échouer dans ce labeur, pendant que nous en payions l'essai, de notre sang, de notre liberté, de nos finances.

La Révolution égorgea sur l'échafaud : Napoléon Ier nous fit périr sur les champs de bataille. La Révolution méprisa tous les droits : Napoléon les foula aux pieds dans les guerres les plus injustes, par-là même les plus funestes. Elle fut punie par le despotisme de celui qu'elle avait engendré : lui, à son tour, périt par les guerres sortant chaque année du fourneau de ses ambitions. Souverain sans principe authentique de souveraineté, obligé de rattacher au régicide son mandat, il lui fallut étourdir les esprits, les détourner de l'origine d'un tel pouvoir, les distraire et les amuser par les fumées de la gloire. La paix lui était impossible, vous le voyez : batailler fut forcément dans sa situation. Ce génie, grand par l'action, petit par la pensée, nul par la vertu, l'avait compris : il y conforma ses allures. — Après avoir abdiqué à Fontainebleau en 1814, il revient l'année suivante nous apporter encore les dissensions intestines, la guerre et l'invasion. Ce fut, non point un sauveur, mais le fléau de Dieu. L'horreur qu'il inspirait alors eût rendu impossible tout nouvel essai de ce régime et le second Empire, si les révolutionnaires, pour attaquer l'autorité légitime des Bourbons pendant leur restauration de quinze ans, n'avaient ressuscité et couvert de fleurs l'image de Bonaparte. Les chansons du républicain Béranger y contribuèrent à gros orchestre. Ce ne sera pas une des moins instructives comédies de ce parti, le même du reste qui applaudissait aux déprédations du Piémont et aux agrandissements immoraux de la Prusse, lorsque tout esprit sauf, toute intelligence saine, y voyait déjà nos malheurs futurs.

Napoléon III vint cependant. On crut à la paix, parce qu'il l'avait promise, de bonne foi peut-être. Mais les origines commandent : la raison d'être d'un Bonaparte, c'est la guerre : nous eûmes des guerres ! Pas assez toutefois pour les pensées de l'Empereur ; il entendait refaire l'œuvre de l'oncle, retrouver nos possessions de 1813. Les armes n'y suffisant plus, avec la souplesse d'un Italien il se tourne vers la ruse, trompe le Pape, le Roi de Naples, l'Empereur d'Autriche ; paie l'ancienne hospitalité du Grand-Duc de Toscane en le détrônant, alarme la Belgique par des menées d'absorption, favorise en Espagne le mouvement qui va emporter Isabelle, excite les défiances des petites royautés allemandes : si bien qu'au jour du combat suprême il ne nous reste pas un allié, et la Prusse, œuvre indirecte de ces tripotages à huis-clos, arrive tranquillement, un lacet à la main, pour nous étrangler. La Prusse œuvre de Napoléon III, ai-je dit : en développant, encourageant et soutenant la rapacité du Piémont en Italie, il a excité celle de la Prusse en Allemagne, avec impossibilité de réagir contre elle, puisqu'il n'avait pas réagi contre le Piémont. Cavour devait enfanter Bismarck, et Napoléon fut le parrain des deux. Comment, au surplus, les puissances seraient-elles accourues à notre aide, lorsque l'Empereur des Français avait fait prévaloir, pour les besoins de l'usurpation en Italie, la règle profondément immorale de la *non-intervention*, qui équivaut à ceci : deux hommes se déchirent, l'un va succomber ; vous, passant, regardez la lutte sans vous inquiéter de savoir où est l'agresseur, où la victime : n'intervenez pas, laissez opprimer, laissez tuer le faible !

Et ainsi les Napoléon nous ont trois fois conduits à l'abîme. Chrétien, je vois la main de Dieu châtiant ceux qui ont touché au Père commun. « Celui qui mange du Pape en meurt », a dit M. Thiers : les Napoléon le prouveront, avec les autres, dans l'histoire. Humble maire de village, parlant à des hommes simples comme lui, le bonhomme Jacques dit : Napoléon nous a perdus parce qu'il était fils de la Révolution, que la Révolution est un dissolvant, que là où règne la Révolution, démagogique ou césarienne, il ne peut y avoir que décomposition progressive, convulsions, désastres et mort.

XI

Comme quoi l'Orléanisme nous perdrait.

Qu'est-ce que l'Orléanisme? que représente-t-il? quelle confiance peut-il inspirer? Nous n'aurons là-dessus, mes compères, qu'un entretien assez court : les faits sont éloquents d'eux-mêmes. Les faits, car de *droit* il n'en est question : Louis-Philippe n'eut pas même l'élection populaire comme les Bonaparte; il est un produit net, sans circonlocution, de la trahison de famille et des barricades. Les Bonaparte du moins ne trahirent point leur propre sang.

En France, la bourgeoisie, de longue date, essaya de monter les degrés des honneurs et de l'influence. Ce ne fut point crime, assurément, si elle se sentait à la hauteur de la tâche, et surtout si elle eût fréquenté, pour ce but les voies honnêtes. A vrai dire, en diverses circonstances elle ne sembla pas tenir beaucoup à cette dernière condition, notamment lorsqu'on la vit accepter les avances de la branche cadette des Bourbons, avide de régner pour sa part. C'est un d'Orléans qui pervertit la France pendant la minorité de Louis XV ; un d'Orléans qui activa, soudoya, poussa la révolution infâme de 1792 et 93 ; Louis-Philippe, son fils, nous apparaît à la tête de celle de 1830, expulsant son vieux bienfaiteur et parent Charles X, détrônant son propre neveu le Duc de Bordeaux. entonnant la *Marseillaise* au balcon du Palais-Royal, et décorant de sa main les insurgés qni venaient de renverser le trône, les lois, la constitution. Lui-même s'est jugé d'avance lorsqu'il écrivait, en 1808 : « Je suis lié au Roi de France, mon » aîné et mon maître, par tous les serments » qui peuvent lier un homme, par tous les » devoirs qui peuvent lier un prince... Jamais » je ne porterai la couronne tant que le droit » de ma naissance et l'ordre de succession ne » m'y appelleront pas ; jamais je ne *me souillerai* en m'appropriant ce qui appartient légi- » timement à un autre prince... J'aspire à l'hon- » neur d'être celui qui montre au monde que, » quand on est ce que je suis, on dédaigne, on » méprise l'usurpation, et qu'il n'y a que des » parvenus, sans naissance et sans âme, qui » s'emparent de ce que les circonstances » peuvent mettre à leur portée, mais que » l'honneur leur défend de s'approprier... » Après ces belles promesses, rentré en France avec Louis XVIII, Louis-Philippe réitère et multiplie ses serments de fidélité, les publie sur les toits, dans les journaux, à la cour. Entre-temps, il a soin de réunir autour de lui les restes de la Révolution, les conspirateurs républicains, les journalistes ambitieux, les bonapartistes attardés ; on ne voit que cela chez lui. Il fait la chasse à son roi, par conséquent à la loi de la France. Ce n'est pas moi qui le dis, mes amis ; c'est l'écrivain Alexandre Dumas, un de ses familiers : « Le Duc » d'Orléans ne perdait rien de vue : ainsi » qu'un chasseur à l'affût, il cherchait à pro» fiter de toutes les fautes du gibier royal » chassé par lui. Aussi, moi qui, familier » dans la maison, sentais pour ainsi dire » battre le pouls de son ambition, je ne fai» sais aucun doute de ses désirs, que chaque » jour écoulé convertissait visiblement en espé» rances ». Cet homme donc, cette famille, furent adoptés par la bourgeoisie révolutionnaire, et si bien étaient-ils d'accord que, l'insurrection ayant détrôné le Roi légitime en 1830, on alla tout d'abord au parent du monarque exilé, le dernier à qui on eût dû songer si ce parent se fût tenu toujours dans les eaux du devoir. Certes, mes compères, qu'un larron s'empare de votre maison, vous serez convaincus de la complicité du cousin qui aussitôt viendra s'installer là et faire le propriétaire, sur l'invitation du larron lui-même : il y eut connivence, c'est clair. — Laissons.

Louis-Philippe, du moins, une fois parvenu au terme de ses désirs, fit-il pleuvoir prospérité et paix sur notre pays ? Non. Harcelé par les légitimistes qui ne lui pouvaient pardonner sa félonie, tiraillé par les exigences de son alliée la bourgeoisie, miné par les républicains qu'il ne choyait plus, sans autre titre qu'une aventure de barricades, dominé par cette origine illégale, il consuma dix-huit années dans les labeurs d'une impossible consolidation, et se vit précipiter enfin par les héros des rues, ses anciens amis, les auteurs de sa royauté de contrebande. Et, comme toute usurpation respire mal à l'aise dans une atmosphère morale, une des incessantes applications du régime de Juillet fut d'abaisser le niveau de la morale publique, par l'instruction primaire et secondaire, par les journaux et les pamphlets ; d'obscurcir la vieille notion du juste et de l'injuste, et d'embrouiller la distinction du *tien* et du *mien* dans les choses de l'Etat. Je dis que ce régime fut pour l'âme de la France un débilitant terrible, et que la présente perversion lui est imputable. La Révolution fut remise en honneur, les appétits révolutionnaires déclarés vertu, l'histoire falsifiée dans l'intérêt des nouveau-venus. Bref, la catastrophe inévitable eut lieu, Philippe fut congédié, et nous nous trouvâmes aussi malades qu'en 1795, si ce n'est plus généralement encore.

Et maintenant, les fils de ce prince apporteraient-ils des garanties meilleures? — Quant au principe, non : ils n'ont à notre service qu'une aventure à tenter comme leur père, absolument rien de plus; et pour cette aventure il leur est besoin de la complicité révolutionnaire, leur alliée naturelle. Ainsi nous revenons à la source de tous nos maux, au lieu de marcher à guérison et à vie. Les d'Orléans, c'est la Révolution ; le testament du fils aîné de Louis-Philippe recommande au Comte de Paris de ne le pas oublier ; la chose est d'ailleurs de toute évidence. — Quant aux personnes, ces princes sont nombreux : lequel prendre? Puisqu'ils ont détruit l'hérédité royale en se substituant à l'aîné de leur race, on ne supposera point qu'ils réussissent à la rétablir à leur profit. Autre embarras : la porte ouverte aux compétitions, au mécontentement intérieur, à la lutte intestine! Le droit, mes amis, le droit! il n'y a que cela qui sauve, et l'Orléanisme y est étranger, pour ne pas ajouter qu'il s'en est constitué l'adversaire et le démolisseur. — Le scrupule ne le distingue point : vous avez vu la conduite du Duc de Montpensier en Espagne à l'égard de sa bienfaitrice et belle-sœur Isabelle; vous avez lu les derniers manifestes de MM. de Joinville et d'Aumale aux électeurs. Ils sont prêts à tout faire. Voulez-vous la République? rien ne les sépare de ce régime..., que l'échafaud de Louis XVI et la tête de leur grand-père! Voulez-vous la Monarchie? bonnes gens, ils en sont. Rappellerez-vous le légitime héritier de la couronne, qu'ils allèrent l'un après l'autre saluer comme leur chef et leur roi en 1854? ils se rangent derrière lui et crient plus vigoureusement que nous : Vive le Roi! Même l'un d'eux, en 48, se portait candidat à la présidence de la propre république qui venait de détrôner son père..., sans paraître se douter de l'énormité du scandale. Ces gens de tout état ne me disent rien qui vaille; et si, dans la vie civile, je n'aime pas à surprendre leurs doigts en mes affaires, dans la vie politique je les ai en pareille horreur. Mieux vaudrait la République ou un Bonaparte : c'est plus franc, d'un échelon moins bas.

En deux mots, bon sens entendu, les d'Orléans, comme d'Orléans, ne sont qu'un accident, un expédient, une garantie d'orages sans fin, parce qu'ils manquent de base et de principe. On ne sauve pas un agonisant avec un cataplasme de papier brouillard. — Que s'ils se présentaient derrière le vrai monarque, abjurant leur passé, se retranchant dans le droit royal et social, oh! c'est autre chose :

la France peut leur tendre les bras; le virus révolutionnaire quitte leurs veines et les nôtres. Nous vivons, et eux aussi. Car ils doivent se souvenir du mot de M. Thiers, l'un de leurs complices en 1830 : « Toute usurpation a un cruel retour, et celui qui usurpe devrait y songer, sinon pour lui, au moins pour sa descendance. » C'est le même M. Thiers qui disait dernièrement à Bordeaux : « En 1830, nous nous sommes trompés : nous avons voulu faire un civet avec un lapin. Pour faire un civet, prenez un lièvre. » Le lapin Louis-Philippe nous a fourni piètre ragoût : n'y revenons pas.

XII

Comme quoi la Légitimité peut nous tirer d'embarras.

La Légitimité! Voilà, mes compères, un mot qui tout d'abord chatouille agréablement l'oreille du bonhomme Jacques. Pourquoi? Oh! c'est bravement simple. Si je veux défendre l'honneur ou le bien de mes enfants, je m'empresse d'établir qu'ils sont fils légitimes; si l'on exige de moi le paiement d'une dette, je m'informerai si légitime est le titre. Qu'on me vende une pièce de terre et que je l'aie payée, j'entends qu'elle soit *légitimement* mienne. La loi à laquelle on m'astreint, la sentence du tribunal qui me condamne ou m'absout, l'impôt qu'on me réclame, ne me trouvent docile que sur le vu de ce petit mot : loi, sentence, impôt *légitimes* ; sinon, bonjour, camarades ! à une autre fois, s'il vous plaît : le père Jacques est absent pour le quart-d'heure ! Pour cela donc, j'aimerais à voir ce qui est *légitime* à la tête et au point dirigeant de nos affaires publiques. La légitimité des choses ne saurait se bien et fortement constituer au bas de l'échelle et tout le long, à moins qu'elle ne brille à l'échelon supérieur. Les brasseurs de phrases libéralistes n'y peuvent : c'est la nature de l'homme ; l'âme humaine est incapable de se mouvoir en autre milieu. — Et je vous prie d'observer encore cette particularité pleine de lumières. Déjà je vous ai invités à aller toujours, dans l'examen des questions, à la signification des mots ; on y découvre ordinairement le secret de l'énigme. *Légitimité* veut dire *culte de la loi*, ainsi que me l'a expliqué notre savant voisin : les légitimistes sont donc, de l'aveu de ceux qui les appellent ainsi, et c'est la France entière, les tenants *de la loi Française*. *Bonapartisme*, *Orléanisme*, noms de familles et d'hommes : *Légitimité*, nom de principe, affirmation de doctrine. Ce n'est plus un parti, c'est *la loi*. A mes yeux, camarades, cette observation est de profonde valeur ; elle vous frappera comme elle me frappe.

Contre la maladie, quelle qu'elle soit, aigüe, chronique, héréditaire, la science est en quête d'une seule chose : le topique. L'a-t-elle trouvé, le mal est vaincu. Notre infirmité sociale, c'est une consomption, une décomposition graduelle et chronique, qu'on nomme *mal révolutionnaire*, né à la veille de l'assassinat de Louis XVI et bien développé depuis. La France s'agite, elle a même des intermittences de gloire et de beaux jours, mais elle ne vit pas ; la guerre qui s'achève a mis à nu des plaies lamentables, mortelles. Le topique, où est-il ? Il est dans l'autorité légitime, dans la *Légitimité*. La légitimité peut nous guérir, elle le peut seule. Je dis mieux ; sa présence guérirait quand même (par impossible) son auguste représentant n'y penserait pas, ne le voudrait pas. De sa nature propre, elle est réparation, reconstruction, moralité. En plaçant le droit et la justice en haut, elle fait circuler dans tout le corps social les mêmes trésors de vie. C'est pour cela que la Révolution, qui est, elle, de nature, renversement et destruction, lui a voué une implacable haine. La Révolution acceptera tout, même un prince étranger, comme elle le demandait, en 1815, aux alliés envahisseurs de notre sol, tout, plutôt que le Roi légitime. Cette rage n'est-elle pas caractéristique?

Gouvernement de source indiscutable, placé en dehors et au-dessus des fluctuations et des coups de tête populaires, s'imposant au respect de tous, la Légitimité, seule encore, est en pourvoir de nous garantir les conquêtes réelles du progès, de laisser discuter les intérêts publics à ciel ouvert, sans crainte de la lumière, sans effroi des idées nouvelles dans ce qu'elles ont d'équitable et de pratique. Jugez ce que nous serions aujourd'hui, ce que serait la France avec les inventions modernes, si la Révolution ne l'avait arrrêtée sept ou huit fois dans des étapes de sang, de corruption et de détresse! Est-ce que notre existence en est une, lorsque chaque matin nous nous demandons si une quinzième, une vingtième constitution, expédiée en train-poste, ne va pas mettre en question jusqu'à la propriété? Ces éternels soubresauts peuvent indiquer qu'il y a encore en nous de la chaleur, mais ce n'est pas la vie. La vie, elle est dans la justice : la Légitimité est la justice sociale. Elle est aussi la force sociale, l'école de la générosité d'âme. Les modèles de la résistance indomptée à la Prusse envahissante, ceux qui bravaient la mort pour assurer la retraite et le salut de leurs frères, ceux qui, de l'aveu même de M. Gambetta, ont été les héros de cette horrible lutte, où se trouvaient-ils? derrière Charette, derrière Cathelineau. Pas un républicain dans ces rangs désormais immortalisés. Au nom de patrie, ils bondissaient comme des lions, et forçaient l'admiration du vainqueur. C'étaient les serviteurs de la Légitimité!

La Légitimité n'est point un parti, comme l'Orléanisme, le Bonapartisme, la République : elle est la France ancienne soudée à la France nouvelle, garantissant dans l'avenir les fermes et glorieuses conquêtes du passé. Les surprises révolutionnaires nous séparent de nos pères, nous induisent à les mépriser, font de nous une nation imberbe, éclose au monde d'hier : la Légitimité nous rallie à quatorze siècles d'ancêtres dont les noms sont écrits sur tous les champs de bataille et de victoire, au registre de toutes les gloires, sur toutes les plages où la langue de l'homme se fait entendre. La Révolution renie Dieu, prince et source de la justice : la Légitimité française nous rattache, comme ses fils aînés, à cette grande et universelle puissance morale qui s'appelle l'Eglise catholique. La Révolution et ses élus ont besoin, pour vivre, de caresser quelqu'une des tristes passions de l'humanité dégradée, quelquefois toutes ensemble : la Légitimité ne se meut que par le côté vivifiant et noble des âmes. Aussi est-elle encore la seule à qui il soit permis de tendre la main à tous, sans qu'aucun se déshonore en y déposant la sienne. Républicains, Orléanistes, Bonapartistes, s'inclineront sans forfaiture devant ce qui n'est point un nom propre, mais la loi et les siècles, mais la France de Clovis, de Charlemagne, de S. Louis et de Henri IV. Clergé, députés, sénateurs, généraux, magistrats, qu'ils viennent, qu'ils se présentent : l'édifice est assez grand pour les abriter tous sous les lambris de l'honneur et dans les plis de l'étendard qui s'appelle *justice* ! C'est l'immense famille se reconstituant enfin, des frères qui s'étonnent d'avoir vécu séparés, sous des griefs mensongers où leur bonne foi fut surprise. La tempête est passée : le grand vaisseau de la France va reprendre sa course.

Mes amis, cet ordre, cette autorité, nous n'avons point à les constituer, à les créer : ils existent, ils sont là, indestructibles alors même qu'on les repousse, dans une heure d'aveuglement : il s'agit simplement de les reconnaitre. *La Légitimité ne se vote pas, elle s'affirme.*

Et pour nous, travailleurs, ouvriers, paysans,

sentant à notre tête le père ancien, respirant l'air de la loi que ne fabriquent point les clubs de la démagogie dans la débauche des révoltes, quelle sécurité pour nos intérêts, nos familles, nos travaux ! Ils n'osent plus nous menacer de leurs fureurs, ces hommes que l'accident révolutionnaire fait surgir, comme les vers de la corruption, jusque dans nos paisibles campagnes. Plus de place désormais pour le verbiage et l'intrigue ; on ne nous paie plus de mots sonores, monnaie creuse et usée. La France a une tête ; elle vit, elle marche, elle grandit, elle jouit de « ces longues perspectives de l'avenir sans lesquelles le présent, même tranquille, demeure inquiet et frappé de stérilité ». Paroles de M. le Comte de Chambord lui-même. Une révolution n'est finie que lorsque chacun a repris sa place. « En France, a dit Talleyrand, la Légitimité seule est possible, le reste n'est qu'une intrigue. »

Nos bonnes causeries touchent à leur fin, mes amis. Elles seraient incomplètes si nous ne disions quelque chose aussi du représentant actuel de cette légitimité, M. le Comte de Chambord. Amis et ennemis, il est sur sa personne un sentiment unanime, traduit par un grand mot : « Le Comte de Chambord n'a point dérogé ». Ce n'est pas cette noble figure du droit qu'on a vue s'abaissant à mendier les suffrages populaires, à tramer un bouleversement ou un coup d'Etat. Retiré dans la majesté de sa cause, qui est celle de la patrie, il a attendu avec confiance, sans nous susciter jamais complications ou embarras, le jour où à la lueur des évènements qu'il ne pouvait conjurer mais qu'il prévoyait, la France se tournerait enfin vers la vérité dont de désastreuses ambitions et des crimes monstrueux l'avaient séparé. Ce jour, nous l'espérons, viendra, et c'est à nous de le comprendre. Plus d'expédients, d'essais décevants et ruineux : le principe! — Libéral plus qu'aucun de ceux qui affectent de le peindre despote, formé par quarante années d'étude et de méditations, honnête et chevaleresque dans sa personne autant que par sa cause, bienveillant comme tous les Bourbons, bienfaisant comme le chétien parfait, ami des classes ouvrières dont il a sondé les angoisses et les besoins, le premier des gentilshommes par sa naissance, il est à la fois le trait d'union de toutes les classes, l'intelligence le mieux au fait de nos maux, le cœur le plus avide d'y porter remède, la main la plus délicate pour ses plaies si vives. Souverain de la France, il renoue ses alliances perdues, il rassure l'Europe effrayée du jacobinisme; comme ses pères en 1815, il répare promptement et sûrement les désastres de l'Empire, rétablit nos finances par la moralité de leur gestion, rend à notre armée sa discipline et son prestige, à notre industrie la sécurité, à notre administration la dignité ; et déjà il me semble apercevoir sur les bords du Rhin le drapeau de la France planté au cri des anciens et beaux jours : « Vive le Roi ! » En deux mots, la chaîne de notre glorieuse histoire a été violemment rompue par la Révolution : il la faut renouer au point où elle fut brisée.

Si ce n'est pas là le bon sens en bâton, si je n'ai pas raisonné droit, mes camarades et compères, dites que le bonhomme Jacques est un sot ! Vous ne direz pas cela, et vous ferez bien.

FIN.

TABLE

Pages

INTRODUCTION. — A mes concitoyens de la charrue, du comptoir et de l'atelier........... 5

I — Comme quoi le BON SENS est la règle suprême de la vie, aussi de la politique. 16

II — Comme quoi de mots très-creux on fait un ridicule épouvantail............... 25

III — Comme quoi il est des temps de peste, et qu'il faut s'en garer............... 39

IV — Comme il se faut grandement défier de la réaction.......................... 49

V — Comme quoi la Révolution nous a faits grands et mis en veine de prospérité.. 56

VI — Comme quoi la guerre avec la Prusse ne pouvait que se mal terminer......... 69

VII — Comme quoi la République serait le meilleur des gouvernements, si 76

VIII — Les titres de la République dans le passé 82

IX — Des garanties de la République dans l'avenir 107

X — Comme quoi le Bonapartisme n'est pas ce qu'il nous faut................... 128

XI — Comme quoi l'Orléanisme nous perdrait 137

XII — Comme quoi la Légitimité peut nous tirer d'embarras.................. 143

FIN DE LA TABLE

LE MANS. — IMPR. A. LEGUICHEUX.

www.ingramcontent.com/pod-product-compliance
Ingram Content Group UK Ltd.
Pitfield, Milton Keynes, MK11 3LW, UK
UKHW020148200726
13856UKWH00003B/892